colegio - ကျောင်း   2

viaje - ခရီးသွားသည်   5

transporte - သယ်ယူပို့ဆောင်ရေး   8

ciudad - မြို့တော်   10

paisaje - ရှုခင်း   14

restaurante - စားသောက်ဆိုင်   17

supermercado - စူပါမားကတ်   20

bebidas - သောက်စရာများ   22

comida - အစားအစာ   23

granja - လယ်ယာ   27

casa - အိမ်   31

living - ဧည့်ခန်း   33

cocina - မီးဖိုချောင်   35

baño - ရေချိုးခန်း   38

cuarto de los chicos - ကလေး အခန်း   42

ropa - အဝတ်အစား   44

oficina - ရုံးခန်း   49

economía - စီးပွားရေး   51

ocupaciones - အလုပ်အကိုင်များ   53

herramientas - ကိရိယာ တန်ဆာပလာများ   56

instrumentos musicales - ဂီတတူရိယာများ   57

zoológico - တိရိစ္ဆာန်ရုံ   59

deportes - အားကစားများ   62

actividades - လှုပ်ရှားမှုများ   63

familia - မိသားစု   67

cuerpo - ကိုယ်ခန္ဓာ   68

hospital - ဆေးရုံ   72

emergencia - အရေးပေါ်   76

Tierra - ကမ္ဘာမြေကြီး   77

reloj - နာရီ   79

semana - ရက်သတ္တပတ်   80

año - နှစ်   81

formas - ပုံစံများ   83

colores - အရောင်များ   84

opuestos - ဆန့်ကျင်ဖက်များ   85

números - နံပါတ်များ   88

idiomas - ဘာသာစကားများ   90

quién / qué / cómo - ဘယ်သူ / ဘာ / ဘယ်လိုပုံ   91

dónde - ဘယ်နေရာလဲ   92

Impressum
Verlag: BABADADA GmbH, Nedderfeld 112 , 22529 Hamburg
Geschäftsführer / Verlagsleitung: Harald Hof
Druck: Books on Demand GmbH, In de Tarpen 42, 22848 Norderstedt

Imprint
Publisher: BABADADA GmbH, Nedderfeld 112 , 22529 Hamburg, Germany
Managing Director / Publishing direction: Harald Hof
Print: Books on Demand GmbH, In de Tarpen 42, 22848 Norderstedt

colegio
ကျောင်း

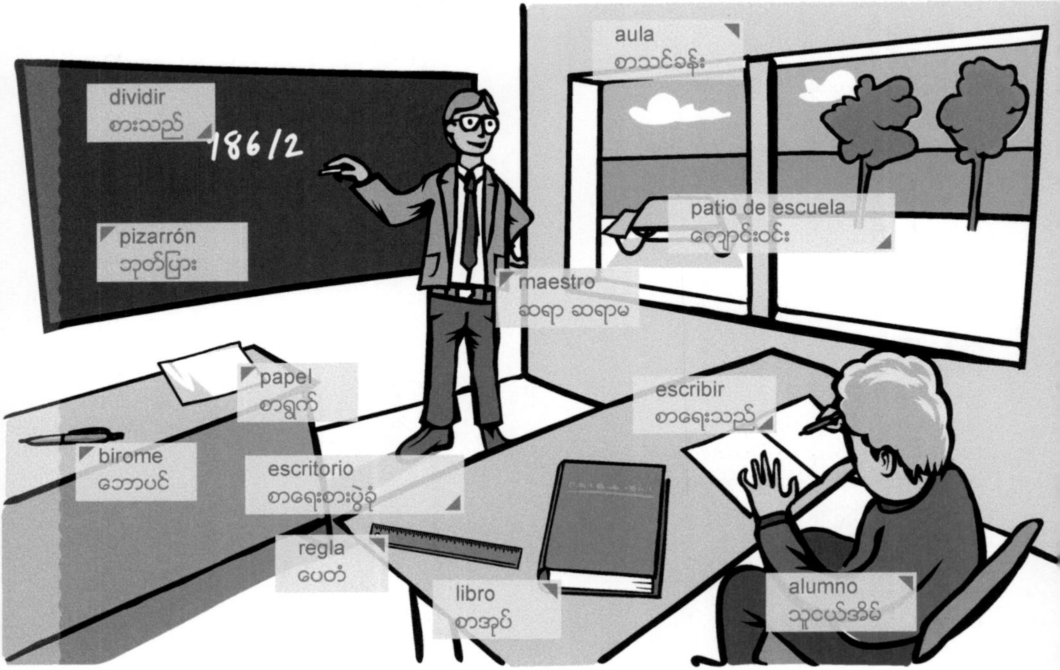

aula
စာသင်ခန်း
dividir
စားသည်
186/2
pizarrón
ဘုတ်ပြား
patio de escuela
ကျောင်းဝင်း
maestro
ဆရာ ဆရာမ
papel
စာရွက်
escribir
စာရေးသည်
birome
ဘောပင်
escritorio
စာရေးစားပွဲခုံ
regla
ပေတံ
libro
စာအုပ်
alumno
သူငယ်အိမ်

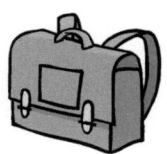

mochila
အဖုံးပါ ဘေးလွယ်အိတ်

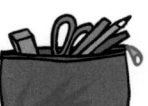

caja de lápices
ခဲတံဗူး

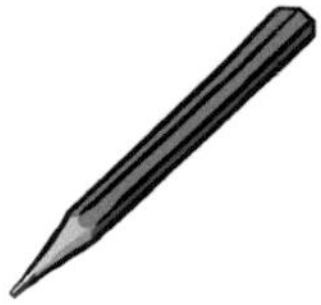

lápiz
ခဲတံ

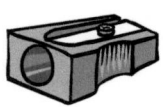

sacapuntas
ချွန်စက်

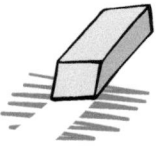

goma (de borrar)
ခဲဖျက်

bloc de dibujo
ပုံဆွဲစာအုပ်

dibujo

ပုံဆွဲခြင်း

pincel

ဆေးခြယ်သည့် စုပ်တံ

caja de pinturas

အရောင်စုံ ဗူး

tijera

ကပ်ကြေး

pegamento

ကော်

cuaderno de ejercicios

လေ့ကျင့်ခန်းစာအုပ်

tarea

အိမ်စာ

número

နံပါတ်

sumar

ပေါင်းသည်

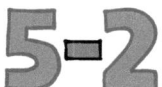

restar

နှုတ်သည်

multiplicar

မြှောက်သည်

calcular

တွက်ပါ

letra

စာ

abecedario

အက္ခရာ

palabra

စကားလုံး

texto

ဖတ်စာအုပ်

leer

ဖတ်သည်

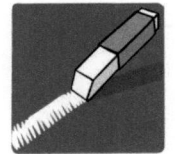

tiza

မြေဖြူ

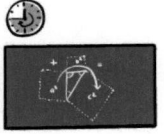

lección

သခန်းစာ

cuaderno de clase

ကျောင်းခေါ်ချိန်
မှတ်တမ်းစာအုပ်

examen

စာမေးပွဲ

certificado

အထောက်အထားလက်မှတ်

uniforme escolar

ကျောင်းဝတ်စုံ

educación

ပညာရေး

enciclopedia

စွယ်စုံကျမ်း

universidad

တက္ကသိုလ်

microscopio

အနုကြည့်မှန်ပြောင်း

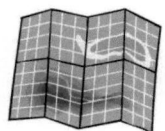

mapa

မြေပုံ

tacho (de basura)

အမှိုက်စက္ကူပုံး

hotel
ဟိုတယ်

Grand

hostel
ဘော်ဒါဆောင်

ROOMS

casa de cambio
ငွေလဲဌာန

EXCHANGE

valija
ခရီးဆောင်အိတ်

auto
ကား

idioma

ဘာသာစကား

sí / no

မှန် / မှား

Está bien

အိုကေ

hola

ဟယ်လို

traductor

ဘာသာပြန်

Gracias

ကျေးဇူးတင်ပါတယ်

¿cuánto cuesta…?

......က ဘယ်လောက်လဲ။

No entiendo

ကျွန်ုပ် နားမလည်ဘူး

problema

ပြဿနာ

¡Buenas tardes!

မင်္ဂလာ ညနေခင်းပါ။

¡Buenos días!

မင်္ဂလာ နံနက်ခင်းပါ။

¡Buenas noches!

မင်္ဂလာ ညပါ။

adiós

ဘိုင်းဘိုင်

dirección

ဦးတည်ရာ

equipaje

ခရီးဆောင်သေတ္တာ

bolso

အိတ်

mochila

ကျောပိုးအိတ်

invitado

ဧည့်သည်

habitación

အခန်း

bolsa de dormir

တစ်ကိုယ်စာအိပ်ယာလိပ်

carpa

ရွက်ထည်တဲ

viaje - ခရီးသွားသည်

información turística

ခရီးသွားညွှန်သည်အတွက်
သတင်းအချက်အလက်

playa

ကမ်းခြေ

tarjeta de crédito

အကြွေးဝယ်ကတ်

desayuno

နံနက်စာ

almuerzo

နေ့လည်စာ

cena

ညစာ

pasaje

လက်မှတ်

ascensor

ဓာတ်လှေကား

sello

တံဆိပ်ခေါင်း

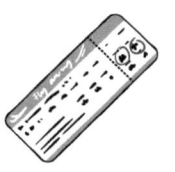

frontera

နယ်စပ်

aduana

အခွန်များ

embajada

သံရုံး

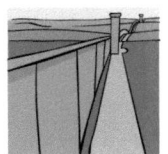

visa

ဗီဇာ

pasaporte

နိုင်ငံကူးလက်မှတ်

transporte
သယ်ယူပို့ဆောင်ရေး

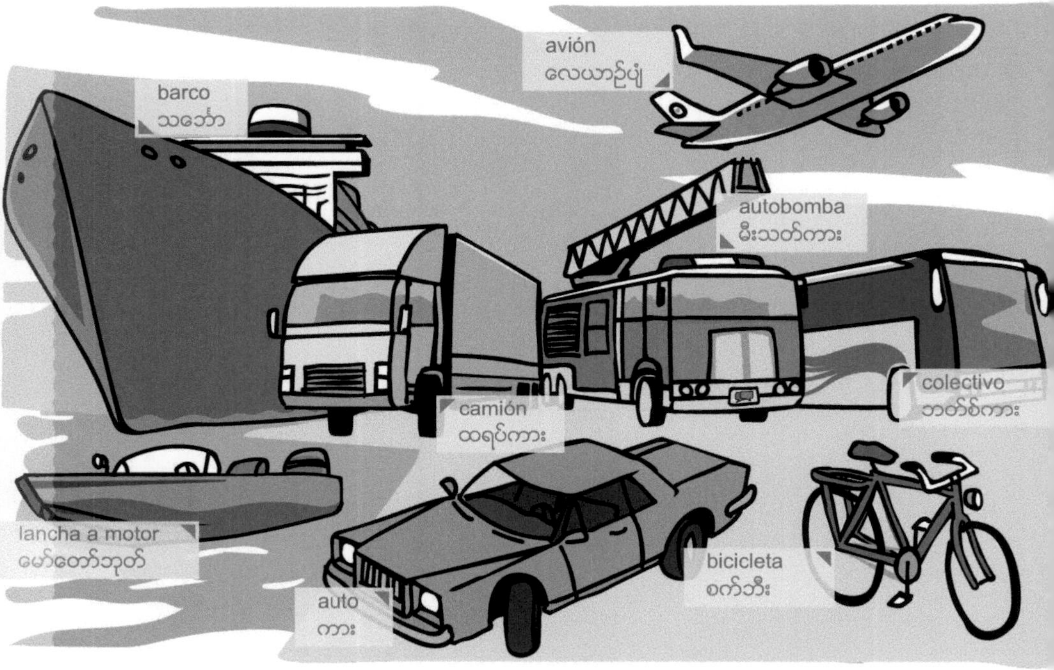
avión
လေယာဉ်ပျံ
barco
သင်္ဘော
autobomba
မီးသတ်ကား
colectivo
ဘတ်စ်ကား
camión
ထရပ်ကား
lancha a motor
မော်တော်ဘုတ်
bicicleta
စက်ဘီး
auto
ကား

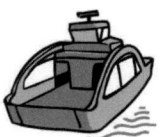

ferry
ဖယ်ရီသင်္ဘော

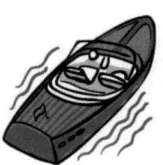

bote
လှေ

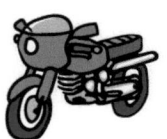

moto
မော်တော်ဆိုင်ကယ်

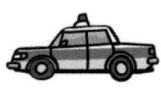

patrullero
ရဲကား

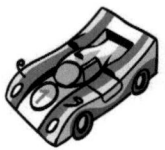

auto de carreras
ပြိုင်ကား

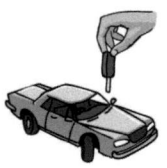

auto de alquiler
စင်းလုံးငှားကား

alquiler de autos

ကားဝေမျှသုံးစွဲခြင်း

grúa

ပျက်နေသော ထရပ်ကား

camión de basura

အမှိုက်သယ်ယာဉ်

motor

မော်တာ

nafta

လောင်စာ

estación de servicio

ဓာတ်ဆီဆိုင်

señal de tránsito

လမ်းကြောပြ ဆိုင်းဘုတ်

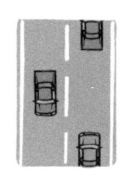

tránsito

ယာဉ်အသွားအလာ

embotellamiento

လမ်းကြောပိတ်ဆို့မှု

estacionamiento

ကားရပ်နားရာနေရာ

estación de tren

ရထားဘူတာရုံ

vías

လမ်းကြောင်းများ

tren

ရထား

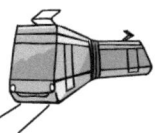

tranvía

ဓာတ်ရထား

vagón

ရထားလုံး

helicóptero
ဟယ်လီကော်ပီတာ

aeropuerto
လေဆိပ်

torre
တာဝါ

pasajero
ခရီးသည်

contenedor
ထည့်စရာပုံး

caja de cartón
ကတ်ထူပုံး

carretilla
လှည်း

canasta
ခြင်း

despegar / aterrizar
ထွက်ခွာ / ဆိုက်ရောက်

ciudad
မြို့တော်

pueblo
ကျေးရွာ

centro de ciudad
မြို့လယ်ခေါင်

casa
အိမ်

cine
ရုပ်ရှင်ရုံ

publicidad
ကြော်ငြာ

farol
လမ်းမီးတိုင်

calle
လမ်းသွယ်

taxi
တက်စီ

kiosco
သွားရေစာ ဆိုင်

peatón
လမ်းလျှောက်သွားသူ

vereda
ခင်းထားသည့်လမ်း

paso peatonal
လူကူးမျဉ်းကြား

contenedor de basura
ပုံး

cruce
လမ်းကူး

semáforo
မီးပွိုင့်

cabaña
တဲအိမ်

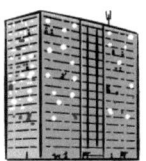

departamento
နေအိမ်ခန်း

estación de tren
ရထားဘူတာရုံ

municipalidad
မြို့တော်ခန်းမ

museo
ပြတိုက်

colegio
ကျောင်း

ciudad - မြို့တော်

universidad

တက္ကသိုလ်

banco

ဘဏ်

hospital

ဆေးရုံ

hotel

ဟိုတယ်

farmacia

ဆေးဆိုင်

oficina

ရုံးခန်း

librería

စာအုပ်ဆိုင်

negocio

ဆိုင်

florería

ပန်းရောင်းသူ၏

supermercado

စူပါမားကတ်

mercado

ဈေး

grandes tiendas

ပစ္စည်းမျိုးစုံရောင်းသည့်
စတိုးဆိုင်ကြီး

pescadería

ငါးရောင်းသူ၏

centro comercial

ဈေးဝယ်စင်တာ

puerto

သင်္ဘောဆိပ်

parque

အနားယူပန်းခြံ

banco

ထိုင်ခုံတန်း

puente

တံတား

escaleras

လှေကားထစ်များ

subte

မြေအောက်

túnel

ဥမင်လှိုင်ခေါင်း

parada del colectivo

ဘတ်စ်ကားမှတ်တိုင်

bar

ဘား

restaurante

စားသောက်ဆိုင်

buzón

စာတိုက်သေတ္တာ

letrero

လမ်းဆိုင်းဘုတ်

parquímetro

ကားရပ်နားခ ကောက်ခံသည့်
မီတာ

zoológico

တိရိစ္ဆာန်ရုံ

pileta

ရေကူးကန်

mezquita

ဗလီ

granja
လယ်ယာ

contaminación
ညစ်ညမ်းမှု

cementerio
သချ္ဂုင်းကုန်း

iglesia
ဘုရားရှိခိုးကျောင်း

juegos infantiles
ကစားကွင်း

templo
ဘုရားကျောင်း

paisaje
ရှုခင်း

hoja
သစ်ရွက်

poste indicador
ဆိုင်းဘုတ်

camino
လမ်း

pradera
မြက်ခင်း

piedra
ကျောက်တုံး

árbol
သစ်ပင်

excursionista
တောင်တက်သမား

río
မြစ်

hierba
မြက်

flor
ပန်း

valle

တောင်ကြား

montaña

တောင်ကုန်း

lago

ရေကန်

bosque

သစ်တော

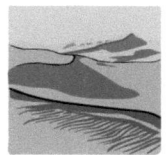

desierto

သဲကန္တာရ

volcán

မီးတောင်

castillo

ရဲတိုက်

arco iris

သက်တန့်

champiñón

မှို

palmera

ထန်းပင်

mosquito

ခြင်

mosca

ပျံသန်းသည်

hormiga

ပုရွက်ဆိတ်

abeja

ပျား

araña

ပင့်ကူ

escarabajo

ပိုးတောင်မာ

rana

ဖား

ardilla

ရှဉ့်

erizo

ဖြူကောင်

liebre

ယုန်

lechuza

ဇီးကွက်

pájaro

ငှက်

cisne

ငန်း

jabalí

တောဝက်

ciervo

သမင်

alce

ချို့ပြားဒရယ်

presa

ဆည်

aerogenerador

လေအားသုံး
လျှပ်စစ်ဓာတ်အားပေးစက်

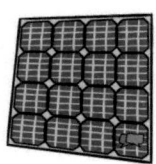

panel solar

နေရောင်ခြည်ခံပြား

clima

ရာသီဥတု

restaurante
စားသောက်ဆိုင်

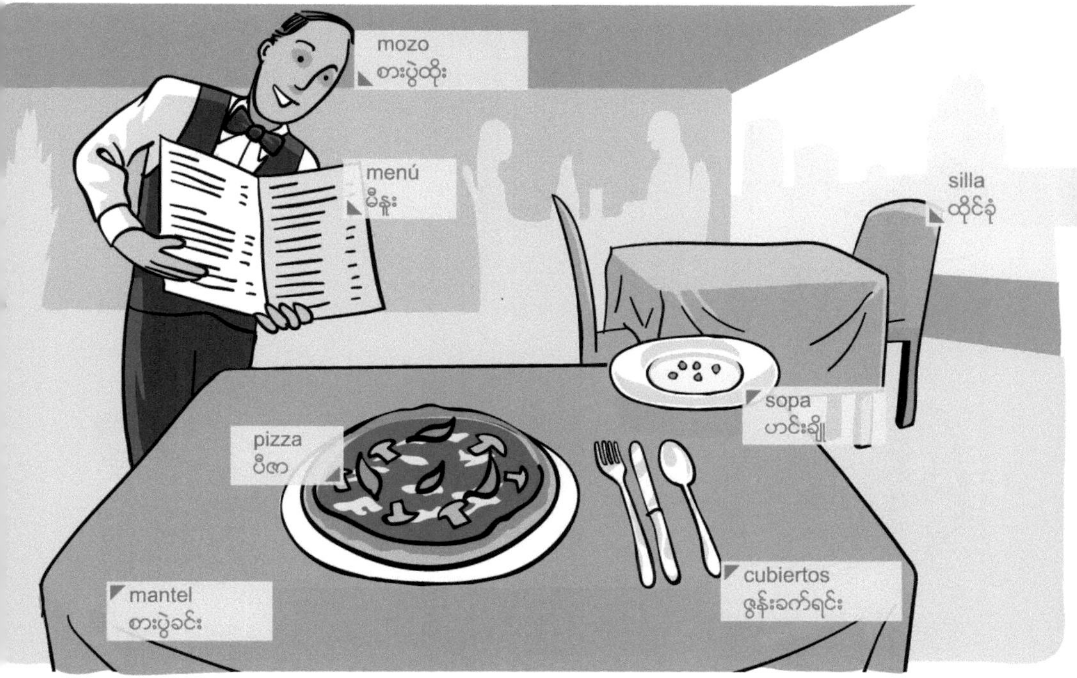

mozo
စားပွဲထိုး
menú
မီနူး
silla
ထိုင်ခုံ
sopa
ဟင်းချို
pizza
ပီဇာ
cubiertos
ဇွန်းခက်ရင်း
mantel
စားပွဲခင်း

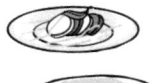

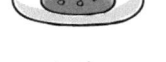

entrada

ပထမဆုံး စားသည့် အစာ

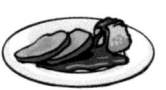

plato principal

ပင်မ အစာ

postre

အချိုပွဲ

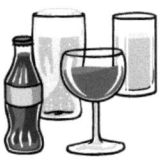

bebidas

သောက်စရာများ

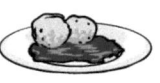

comida

အစားအစာ

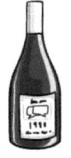

botella

ပုလင်း

comida rápida

အသင့်ပြင်ပြီးသား အစားအစာ

comida callejera

လမ်းဘေးအစားအစာ

tetera

လက်ဖက်ရည်အိုး သို့မဟုတ်
ရေနွေးကြမ်းအိုး

azucarera

သကြားအိုး

porción

တစ်ယောက်စာ

cafetera expreso

အက်စ်ပရက်ဆို ကော်ဖီစက်

sillita alta

ထိုင်ခုံအမြင့်

cuenta

ငွေတောင်းခံလွှာ

bandeja

ဗန်း

cuchillo

ဓါး

tenedor

ခက်ရင်း

cuchara

ဇွန်း

cucharita

လက်ဖက်ရည်ဇွန်း

servilleta

လက်သုတ်ပုဝါ

vaso

ရေသောက်ဖန်ခွက်

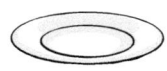

plato

ပန်းကန်ပြား

plato hondo

ဟင်းချိုပန်းကန်ပြား

plato

ပန်းကန်ပြား

salsa

ဆော့စ်

salero

ဆားအိုး

molinillo de pimienta

ငရုတ်ကောင်း ချေစက်

vinagre

ရှာလကာရည်

aceite

ဆီ

especias

ဟင်းခတ်အမွှေးအကြိုင်

kétchup

ခရမ်းချဉ်သီးဆော့စ်

mostaza

မုန်ညင်းဆီဆော့စ်

mayonesa

မယိုးနိစ်

supermercado
စူပါမားကတ်

oferta especial
အထူးကမ်းလှမ်းချက်
FOR
cliente
ဖောက်သည် သို့မဟုတ် ဈေးဝယ်သူ
lácteos
နို့ထွက်ပစ္စည်း
fruta
သစ်သီး
changuito
ထရော်လီလှည်း

BUTCHERS

carnicería

သားသတ်သမား၏

BAKERY

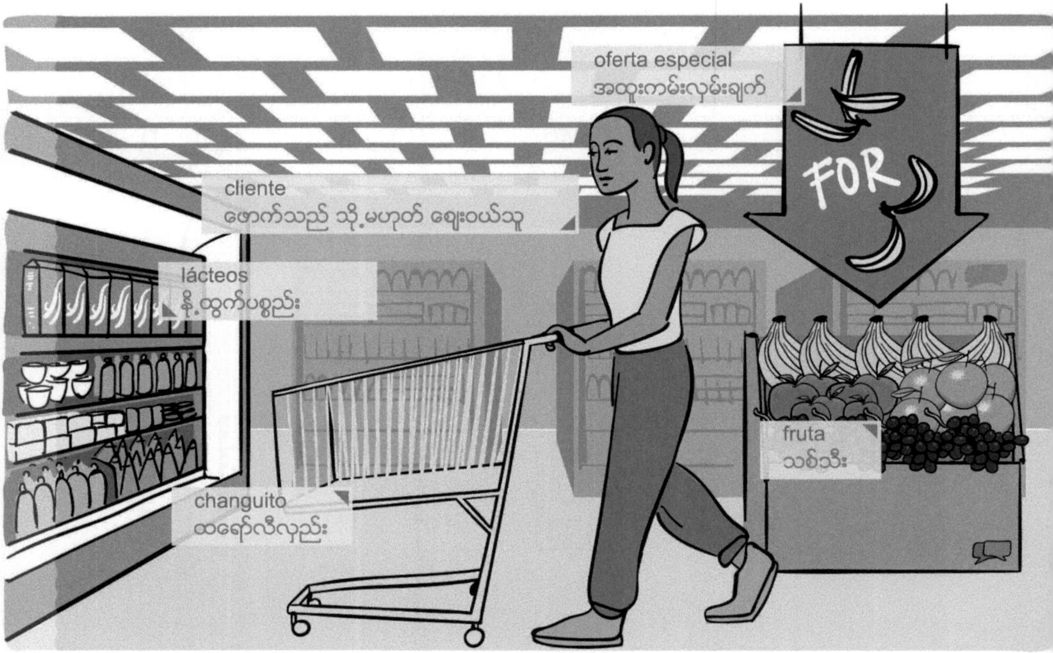

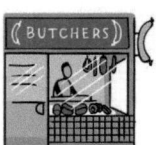

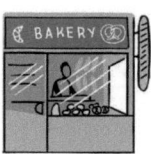

panadería

မုန့်ဖုတ်သမား၏

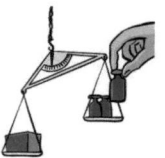

pesar

အလေးချိန်သည်

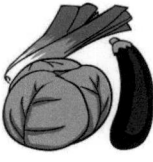

verduras

ဟင်းသီးဟင်းရွက်

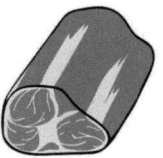

carne

အသား

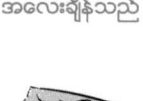

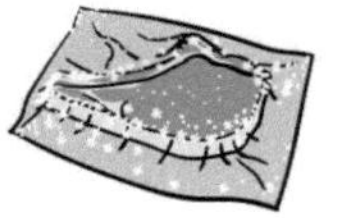

alimentos congelados

အေးခဲထားသည့် အစားအစာ

fiambres

ပြင်ဆင်ထားသော အသားအေး

alimentos enlatados

သံဗူးသွပ် အစားအစာ

detergente en polvo

ဆပ်ပြာမှုန့်

golosinas

သကြားလုံးများ

electrodomésticos

အိမ်သုံး ပစ္စည်းများ

productos de limpieza

သန့်ရှင်းရေး ပစ္စည်းများ

vendedora

ဈေးရောင်းသူ

caja

အထိ

cajero

ငွေကိုင်

lista de compras

ဈေးဝယ်စာရင်း

horario de atención

ဖွင့်ချိန်နာရီများ

billetera

အိတ်ဆောင် ပိုက်ဆံအိတ်

tarjeta de crédito

အကြွေးဝယ်ကတ်

cartera

အိတ်

bolsa de plástico

ပလတ်စတစ်အိတ်

agua

ရေ

jugo

သစ်သီးဖျော်ရည်

leche

နွားနို့

bebida cola

ကိုကာကိုလာ

vino

ဝိုင်

cerveza

ဘီယာ

alcohol

အရက်

cacao

ကိုကိုးမှုန့်

té

လက်ဖက်ရည် သို့ မဟုတ်
ရေနွေးကြမ်း

café

ကော်ဖီ

café expreso

အက်စ်ပရက်ဆို ကော်ဖီ

cappuccino

ကပူချီနီကော်ဖီ

banana

၄က်ပျောသီး

manzana

ပန်းသီး

naranja

လိမ္မော်သီး

melón

ဖရဲသီးမျိုးဝင်

limón

သံပုယိုသီး

zanahoria

မုန်လာဉနီ

ajo

ကြက်ညွှန်ဖြူ

bambú

မျှစ်

cebolla

ကြက်သွန်နီ

champiñón

မို

nueces

ပဲစေ့များ

fideos

ခေါက်ဆွဲ

tallarines

စပါဂတီ ခေါ် အီတာလီ ခေါက်ဆွဲ

arroz

ထမင်း

ensalada

ဆလပ်ရွက်သုတ်

papas fritas

အကြွပ်ကြော်များ

papas fritas

အာလူးကြော်

pizza

ပီဇာ

hamburguesa

ဟမ်ဘာဂါ

sándwich

အသားညှပ်ပေါင်မုန့်

churrasco

ကတ်တလိပ်

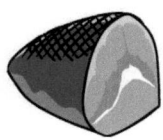

jamón

ဝက်ပေါင်ခြောက်

salame

ဆလာမီ

salchicha

ဝက်အူချောင်း

pollo

ကြက်သား

asado

ရှို့စ်လုပ်ခြင်း

pescado

ငါး

copos de avena

ကွေကာအုတ်

muesli

မျူးစလီ

copos de maíz

ပြောင်းစေ့ပြား

harina

ဂျုံမုန့်

medialuna

ခရာဆွန်း ခေါ်
ပြင်သစ်ပေါင်မုန့်တစ်မျိုး

pancito

ပေါင်မုန့်လိပ်

pan

ပေါင်မုန့်

tostada

ပေါင်မုန့် မီးကင်

galletitas

ဘီစကစ်

manteca

ထောပတ်

cuajada

ဒိန်ခဲ

torta

ကိတ်မုန့်

huevo

ဥ

huevo frito

ဥကြော်

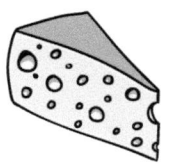

queso

ချိစ်

helado

ရေခဲမုန့်

azúcar

သကြား

miel

ပျားရည်

mermelada

ယို

pasta de chocolate

ယိုသုတ်စားသည့် ချောကလက်

curry

ဟင်း

granja
လယ်ယာ

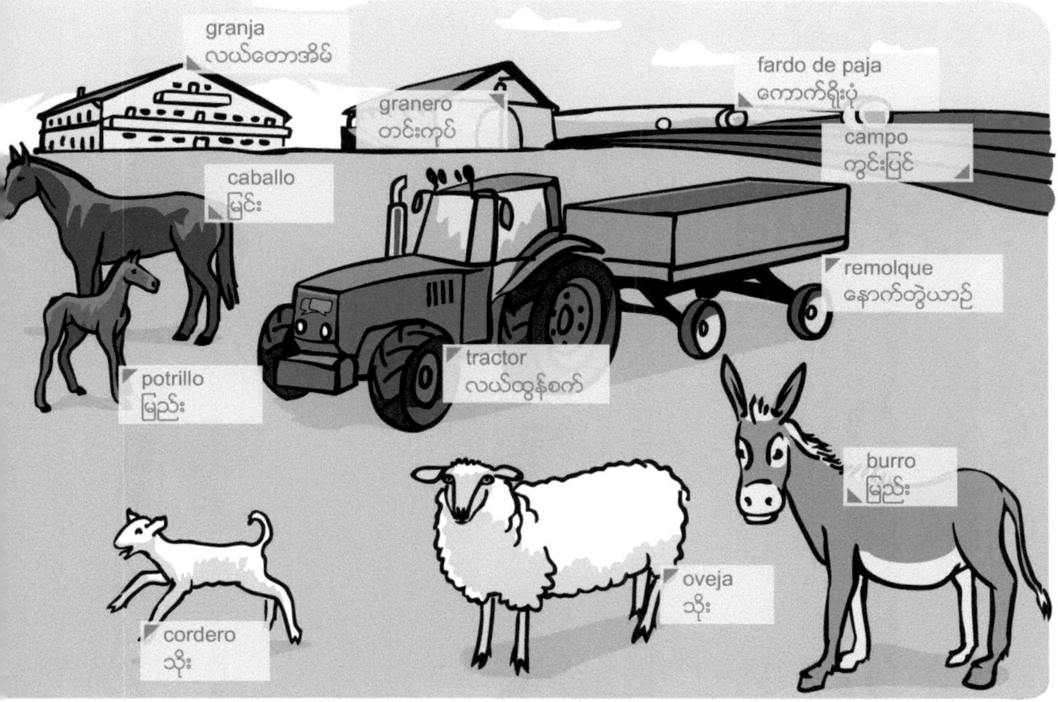
granja
လယ်တောအိမ်
fardo de paja
ကောက်ရိုးပုံ
granero
တင်းကုပ်
campo
ကွင်းပြင်
caballo
မြင်း
remolque
နောက်တွဲယာဉ်
tractor
လယ်ထွန်စက်
potrillo
မြည်း
burro
မြည်း
oveja
သိုး
cordero
သိုး

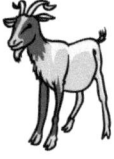

cabra

ဆိတ်

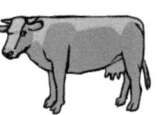

vaca

နွားမ

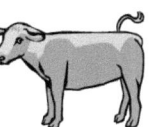

ternero

နွားလေး

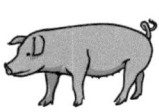

cerdo

ဝက်

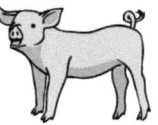

lechón

ဝက်ကလေး

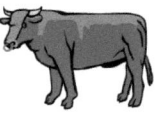

toro

နွားထီး

ganso

ဘဲငန်း

pato

ဘဲ

pollo

ကြက်ပေါက်ကလေး

gallina

ကြက်မ

gallo

ကြက်ဖ

rata

ကြွက်

gato

ကြောင်

ratón

ကြွက်ကလေး

buey

နွားထီး

perro

ခွေး

cucha

ခွေးအိမ်

manguera

ပန်းရေ့ရေပိုက်

regadera

ရေလောင်းသည့်ခွက်

guadaña

တံစဉ်အပြားကြီး

arado

ထယ်

hoz

တံစဉ်

azada

ပေါက်ပြား

horquilla

ကောက်ဆွ

hacha

ပေါက်ချွန်း

carretilla

ဘီးတပ် လက်တွန်းလှည်း

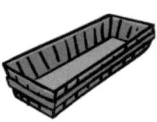

abrevadero

စားခွက်

lechera

နို့ဗူး

bolsa

အိတ်

reja

ခြံစည်းရိုး

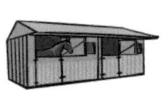

establo

မြင်းဇောင်း

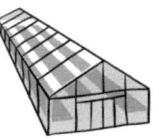

invernadero

မှန်လုံအိမ်

suelo

မြေကြီး

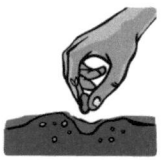

semilla

အစေ့

fertilizador

မြေဩဇာ

cosechadora

စုပေါင်း ရိတ်သိမ်းသူ

cosechar

ရိတ်သိမ်းသည်

cosecha

ရိတ်သိမ်းသည်

batatas

ပီလောပိန်

trigo

ဂျုံ

soja

ပဲပုပ်

papa

အာလူး

maíz

ပြောင်း

semilla de colza

နံစားပြောင်းဆီ

árbol frutal

အသီးပင်

mandioca

ပီလောပိန်

cereales

စီရီရယ် ခေါ် နံနက်စာတစ်မျိုး

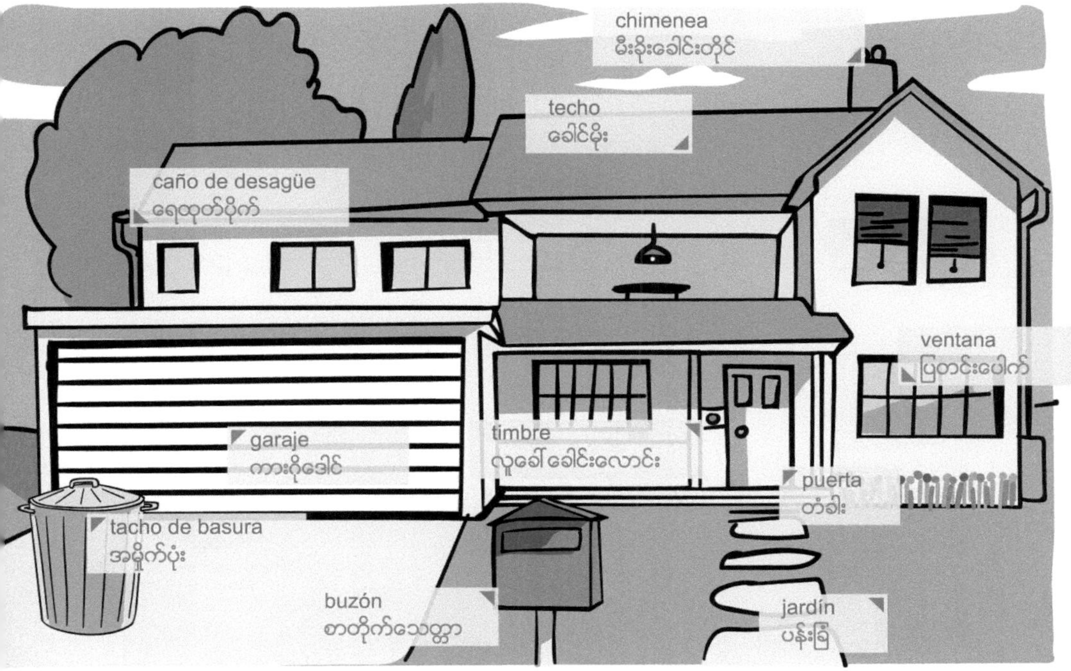

chimenea
မီးခိုးခေါင်းတိုင်

techo
ခေါင်မိုး

caño de desagüe
ရေထုတ်ပိုက်

ventana
ပြတင်းပေါက်

garaje
ကားဂိုဒေါင်

timbre
လူခေါ် ခေါင်းလောင်း

puerta
တံခါး

tacho de basura
အမှိုက်ပုံး

buzón
စာတိုက်သေတ္တာ

jardín
ပန်းခြံ

living
ဧည့်ခန်း

baño
ရေချိုးခန်း

cocina
မီးဖိုချောင်

dormitorio
အိပ်ခန်း

cuarto de los chicos
ကလေး အခန်း

comedor
ထမင်းစားခန်း

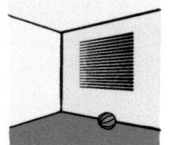

piso

ကြမ်းပြင်

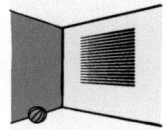

pared

နံရံ

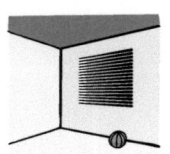

cielorraso

မျက်နှာကြက်

sótano

မြေအောက်ခန်း

sauna

ချွေးထုတ်ခန်း

balcón

ဝရန်တာ

terraza

ဝရန်တာ

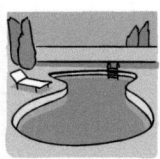

pileta

ရေကူးကန်

cortadora de pasto

မြက်ရိတ်စက်

sábana

အချပ်

acolchado

အိပ်ယာခင်း

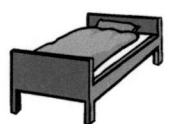

cama

အိပ်ယာ

escoba

တံမြက်စည်း

balde

ရေပုံး

interruptor

မီးခလုတ်

casa - အိမ်

living
ဧည့်ခန်း

empapelado
နံရံကပ်စက္ကူ
imagen
ဓာတ်ပုံ
lámpara
စားပွဲတင် မီးအိမ်
estante
စင်
armario
နံရံကပ် ဗီရို
televisión
တယ်လီဗွီးရှင်း
chimenea
မီးလင်းဖို
flor
ပန်း
almohadón
ကူရှင်
sofá
ဆိုဖာ
florero
ပန်းအိုး
control remoto
အဝေးထိန်း ကိရိယာ

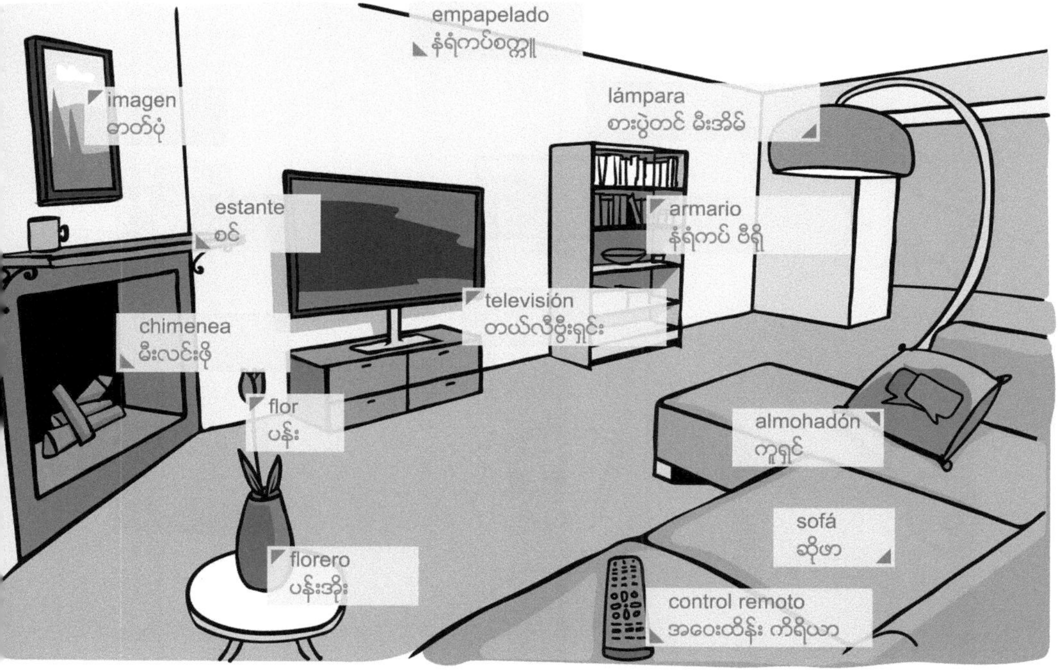

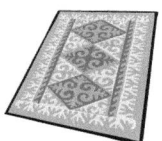

alfombra

ကော်ဇော

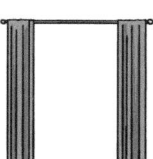

cortina

ကန့်လန့်ကာ

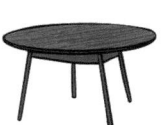

mesa

စားပွဲခုံ သို့မဟုတ် ဇယား

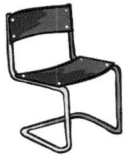

silla

ထိုင်ခုံ

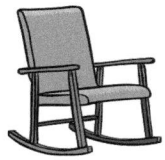

mecedora

ရှေ့နောက် ယိမ်းနိုင်သည့် ထိုင်ခုံ

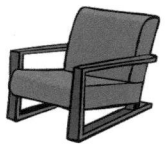

sillón

လက်တင်ထိုင်ခုံ

libro

စာအုပ်

frazada

စောင်

decoración

အပြင်အဆင်

leña

ထင်း

película

ဖလင် သို့ မဟုတ် ရုပ်ရှင်

equipo de música

ဟိုင်ဖိုင် ကိရိယာ

llave

သော့

diario

သတင်းစာ

pintura

ပန်းချီကား

póster

ပိုစတာ

radio

ရေဒီယို

cuaderno

မှတ်စုစာရွက်အုပ်

aspiradora

ဖုံစုပ်စက်

cactus

ရှားစောင်းပင်

vela

ဖယောင်းတိုင်

cocina
မီးဖိုချောင်

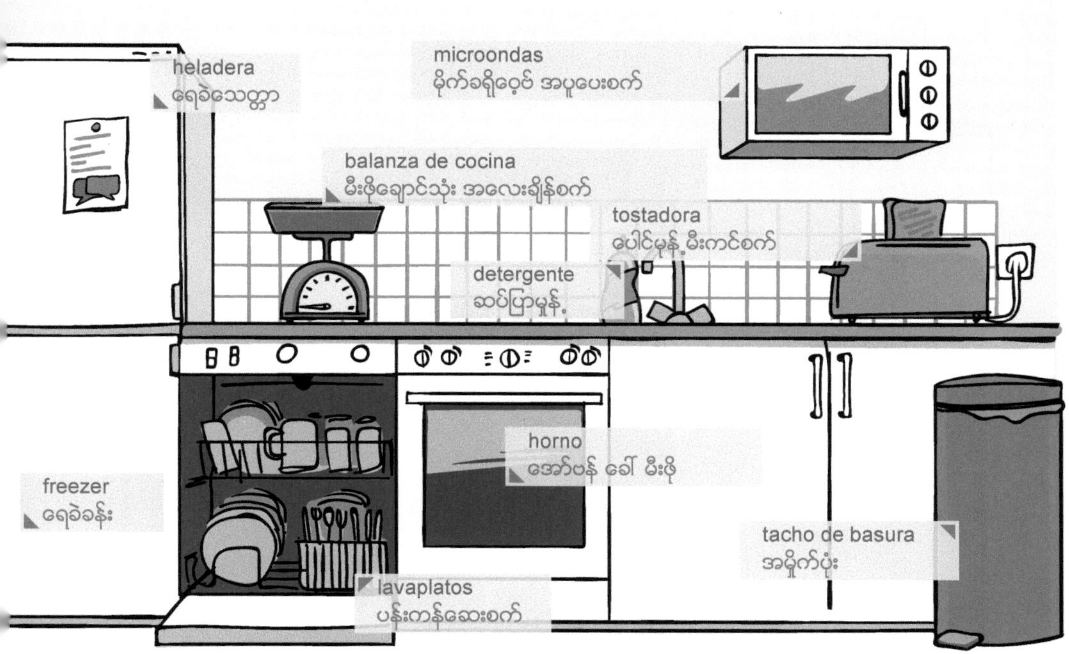

heladera
ရေခဲသေတ္တာ
microondas
မိုက်ခရိုဝေ့ဗ် အပူပေးစက်
balanza de cocina
မီးဖိုချောင်သုံး အလေးချိန်စက်
tostadora
ပေါင်မုန့် မီးကင်စက်
detergente
ဆပ်ပြာမှုန့်
horno
အောဗ်ဗန် ခေါ် မီးဖို
freezer
ရေခဲခန်း
tacho de basura
အမှိုက်ပုံး
lavaplatos
ပန်းကန်ဆေးစက်

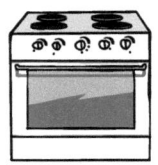

cocina
လျှပ်စစ် ချက်ပြုတ်အိုး

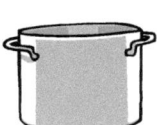

olla
အိုး

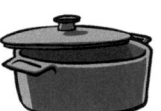

olla de hierro fundido
သံအိုးကြီး

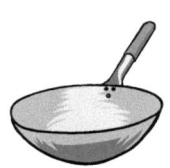

wok
မွှေကြော်သည့် ဒယ်အိုးကြီး / ကာဒိုင်း

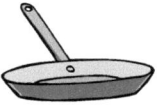

sartén
ဒယ်အိုး

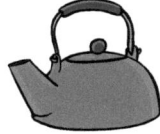

pava
ရေနွေးတည်သည့်အိုး

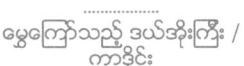

vaporera

ပေါင်းစက်

bandeja de horno

မုန့် ဖုတ်သည့် ပန်း

vajilla

ကြွေပန်းကန်ပြား ခွက်ယောက်

taza

မတ်ခွက်

bol

ဇလုံပန်းကန်

palitos

အစားစားသည့်တူများ

cucharón

ယောက်ချို

estpátula

မွှေသည့်အတံ

batidora

ခေါက်တံ

colador

စစ်သည့် အရာ

colador

စကာ

rallador

ခြစ်သည့်ကိရိယာ

mortero

ကြိတ်ဆုံ

parrilla

ဘာဘီကျူးကင်

fogata

ထင်းမီးဖို

tabla de picar

စင်းနီးတုံး

palo de amasar

လည်နေသောပင်

sacacorchos

ဖော့ဆို့

lata

သံဗူး

abrelatas

သံဗူးဖောက်တံ

manopla

အိုးတင်သည့်အရာ

pileta

ရေဆေးသည့် နေရာ

cepillo

စုပ်တံ

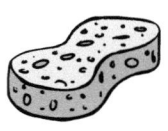

esponja

ရေမြှုပ်

batidora

မွှေသည့်စက်

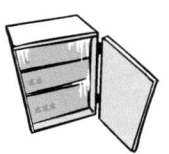

congelador

အေးခဲသည့် ရေခဲခန်း

mamadera

ကလေးနို့ဗူး

canilla

ရေပိုက်ခေါင်း

baño
ရေချိုးခန်း

ducha
ရေပန်း
calefacción
အပူပေးခြင်း
toalla
မျက်နှာသုတ်ပုဝါ
cortina de ducha
ရေချိုးခန်းကန့်လန့်ကာ
baño de espuma
ရေစိမ်ချိုးရန် ရေမြှုပ်ဆပ်ပြာရည်
bañadera
ရေစိမ်ချိုးသည့်ကန်
vaso
ရေသောက်ဖန်ခွက်
lavarropas
အဝတ်လျှော်စက်
canilla
ရေပိုက်ခေါင်း
baldosas
ကျောက်ပြားများ
pelela
အပေါ့အလေး စွန့်သည့်အိုး
pileta
ရေဆေးသည့် နေရာ

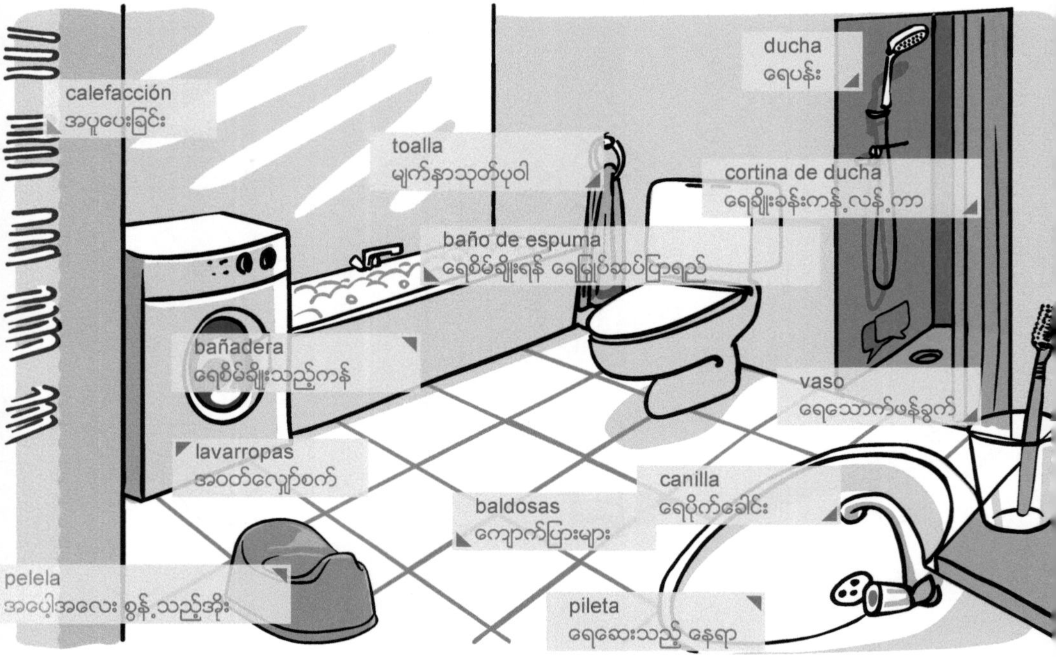

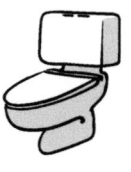

inodoro

အိမ်သာ

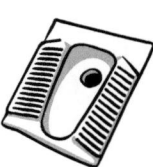

letrina

ဆောင့်ကြောင့်ထိုင်ရသည့် အိမ်သာ

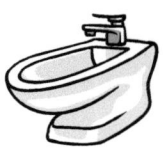

bidé

အမျိုးသမီးသုံး အောက်ပိုင်းဆေးသည့် ကမုတ်

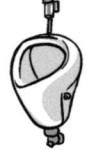

mingitorio

အမျိုးသား ဆီးသွားသည့်ကမုတ်

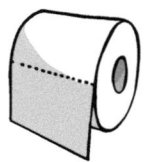

papel higiénico

အိမ်သာသုံး စက္ကူ

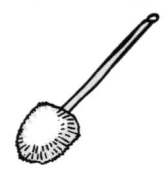

cepillo para el inodoro

အိမ်သာတိုက် ဘရပ်ရှ်

cepillo de dientes

သွားတိုက်တံ

dentífrico

သွားတိုက်ဆေး

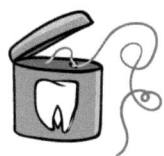

hilo dental

သွား ချေးထုတ်သည့် ကြိုး

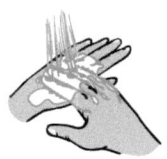

lavar

ဆေးကြောသည်

ducha de mano

လက်ကိုင် ရေပန်း

ducha higiénica

ရေပန်းဖြင့်ရေချိုးခြင်း

palangana

ရေအင်တုံ

cepillo para espalda

နောက်ကျော ချေးတွန်းသည့်
ဘရပ်ရှ်

jabón

ဆပ်ပြာ

gel de ducha

ရေချိုးဆပ်ပြာရည်

shampoo

ခေါင်းလျှော်ရည်

toallita

ဖလန်နယ်စ

desagüe

ရေထွက်ပေါက်

crema

ခရင်မ်

desodorante

ဒီအော်ဒရန့် ခေါ်
ကိုယ်လိမ်းအမွှေးနံ့သာ

espejo

မှန်

espejito

လက်ကိုင်မှန်

maquinita de afeitar

မုတ်ဆိတ်ရိတ်တံ

espuma de afeitar

မုတ်ဆိတ်ရိတ်ရန် အမြှုပ်

aftershave

မုတ်ဆိတ်ရိတ်ပြီး
လိမ်းသည့်အမွှေးနံ့သာ

peine

ခေါင်းဘီး

cepillo

ဘရပ်ရှ်

secador de pelo

ဆံပင်ခြောက်စက်

spray

ဆံပင်ဖြန်းဆေး

maquillaje

မိတ်ကပ်

lápiz de labios

နှုတ်ခမ်းဆိုးဆေး

esmalte para uñas

လက်သည်းဆိုးဆေး

algodón

ဂွမ်းလုံး

tijera para uñas

လက်သည်းညှပ် ကပ်ကြေး

perfume

ရေမွှေး

portacosméticos
ရေချိုးခန်းသုံး အိတ်

banqueta
ခွေးခြေ

balanza
ကိုယ်အလေးချိန်တိုင်းသည့်စက်

bata
ရေချိုးပြီး ဝတ်သည့်ဝတ်ရုံ

guantes de goma
ရာဘာ လက်အိတ်များ

tampón
တန်ပွန် ခေါ် ဓမ္မတာလာစဉ် မိန်း
မကိုယ်တွင်းထည့်သည့်အရာ

toallita femenina
အမျိုးသမီး လစဉ်သုံးပုဝါစ

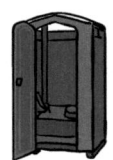

baño químico
ဓာတုပစ္စည်းထည့်သုံးသည့်
အိမ်သာ

cuarto de los chicos
ကလေး အခန်း

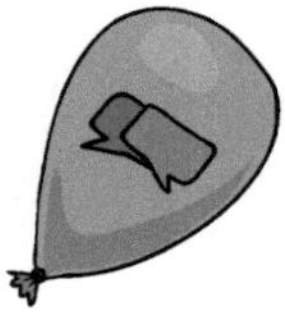

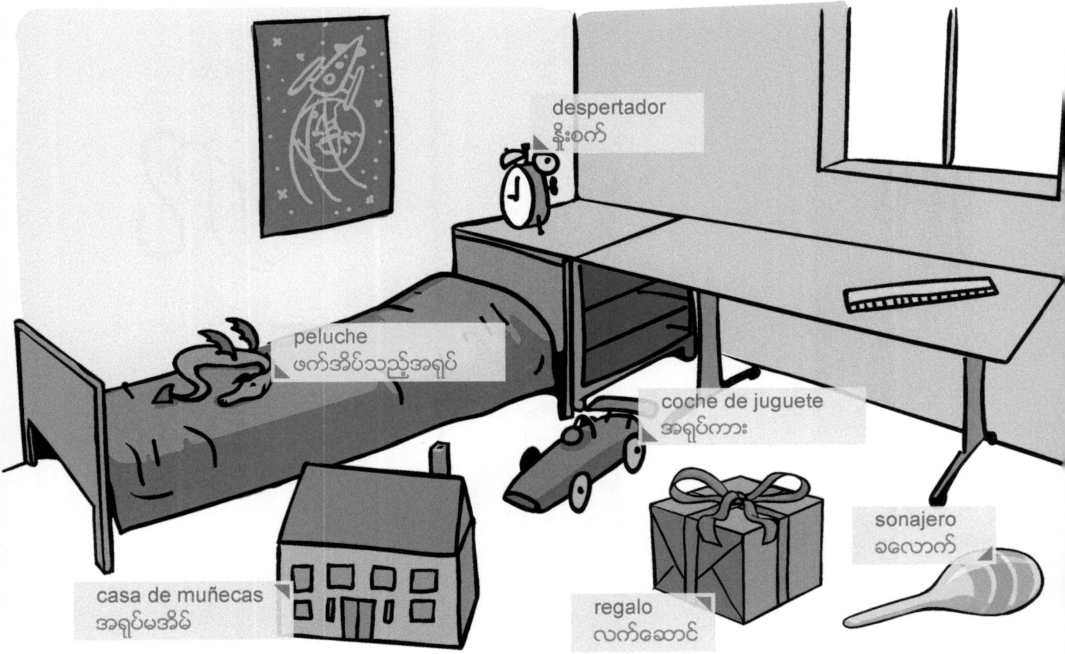
despertador
နိုးစက်
peluche
ဖက်အိပ်သည့်အရုပ်
coche de juguete
အရုပ်ကား
sonajero
ခလောက်
casa de muñecas
အရုပ်မအိမ်
regalo
လက်ဆောင်

globo

ပူဖောင်း

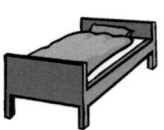

cama

အိပ်ယာ

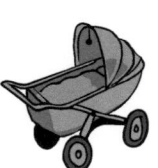

cochecito

ကလေးတွန်းလှည်း

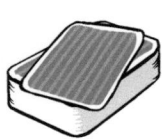

cartas

ကစားသည့်ကတ်ထုပ်

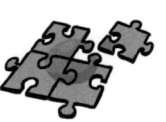

rompecabezas

ဂျစ်ဆော ခေါ်
ဆက်၍ကစားသည့်
အပိုင်းအစများ

SUPER
MEGA

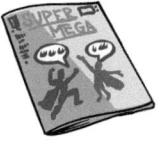

historieta

ရုပ်ပြစာအုပ်

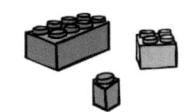

piezas de lego

ဆောက်၍ကစားသည့် လေဂို
အတုံးများ

ladrillos de juguete

ဆောက်၍ကစားသည့်
အတုံးများ

figura de acción

လှုပ်ရှားလုပ်ကိုင်သူ

enterito (de bebé)

ဘော်ဒီဂရီး

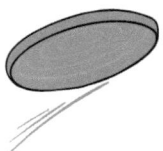

frisbee

ဖရစ်ဘီး ခေါ် ပစ်၍ ကစားသည့်
အပြား

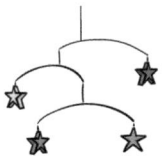

móvil para bebés

ရွှေ့လျားနိုင်သော

juego de mesa

ဘုတ်ပြားပေါ် တွင် ကစားနည်း

dados

အံစာတုံး

tren eléctrico

ကစားစရာ ရထား အစုံမော်ဒယ်

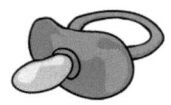

chupete

အရုပ်

fiesta

ပါတီ

libro de cuentos ilustrado

ရုပ်ပြစာအုပ်

pelota

ဘောလုံး

muñeca

အရုပ်မ

jugar

ကစားသည်

arenero

ကစားသည့် သဲပုံး

hamaca

ဒန်း

juguetes

အရုပ်များ

consola de videojuegos

ဗွီဒီယိုဂိမ်းကစားသည့် စက်

triciclo

သုံးဘီး စက်ဘီး

osito de peluche

တက်ဒီ ဝက်ဝံရုပ်

armario

အဝတ်ဗီရို

medias

ခြေအိတ်များ

medias panty

အမျိုးသမီးဝတ် ခြေအိတ်ရှည်

calzas

အမျိုးသမီး ခြေအိတ်အကြပ်

bufanda
ပုဝါ

paraguas
ထီး

cinturón
ခါးပတ်

remera
တီရှပ်

zapatillas
အားကစားဖိနပ်များ

botas
ဘွတ်ဖိနပ်များ

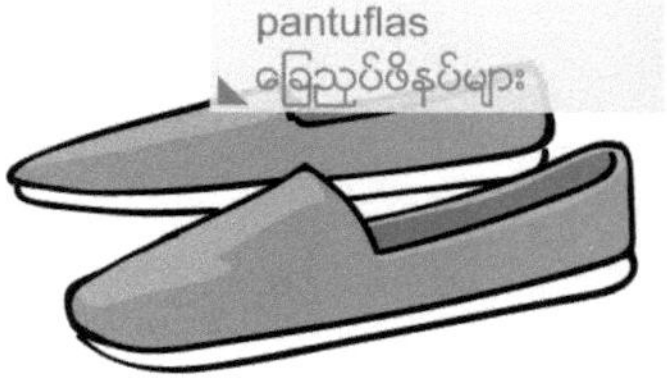

pantuflas
ခြေညှပ်ဖိနပ်များ

sandalias

ခြေစွပ် နောက်ပိတ်ဖိနပ်

zapatos

ရှူးဖိနပ်များ

botas de goma

ရာဘာ ဘွတ်ဖိနပ်များ

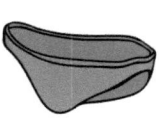

ropa interior

အောက်ခံ အဝတ်များ

corpiño

ဘရာဇီယာ

chaleco

အပေါ်ထပ် လက်ပြတ်အကျီ

body

ကိုယ်ခန္ဓာ

pantalones

ဘောင်းဘီရှည်

jeans

ဂျင်းဘောင်းဘီ

pollera

စကပ်

blusa

ဘလောက်စ်အင်္ကျီ

camisa

ရှပ်အင်္ကျီ

pulóver

ခေါင်းစွပ်အင်္ကျီ

buzo

ခေါင်းစွပ်ပါ အင်္ကျီ

blazer

ဘလေဇာကုတ်အင်္ကျီ

campera

ဂျက်ကတ်အင်္ကျီ

tapado

ကုတ်အင်္ကျီ

piloto

မိုးကာ ကုတ်အင်္ကျီ

traje

ဝတ်စုံ

vestido

ဂါဝန်

vestido de novia

လက်ထပ် ဝတ်စုံ

traje

အနောက်တိုင်းဝတ်စုံပြည့်

camisón

ညအိပ်အင်္ကျီ

pijama

ညအိတ်ဝတ်စုံ

sari

ဆာရီ

pañuelo para cabeza

ခေါင်းအုပ်ပုဝါ

turbante

တာဘန် ခေါ် ခေါင်းပေါင်း

burka

ဘာကာခေါ်
အမျိုးသမီးခေါင်းအုပ်

caftán

ကာ့ဖတန် ခေါ်
အမျိုးသားဝတ်ဘောင်းဘီ

abaya

အာဘယာ ခေါ် မွတ်ဆလင်
အမျိုးသမီးဝတ်အင်္ကျီ

traje de baño

ရေကူးဝတ်စုံ

short de baño

အဝတ်သေတ္တာ

shorts

ဘောင်းဘီတို

jogging

အားကစားဝတ်စုံ

delantal

ခါးစည်း အဝတ်

guantes

လက်အိတ်များ

botón
ကြယ်သီး

anteojos
မျက်မှန်

pulsera
လက်ကောက်

collar
လည်ဆွဲ

anillo
လက်စွပ်

aro
နားကပ်

gorra
ခေါင်းဆောင်း ဦးထုပ်

percha
ကုတ်အကျႌ ချိတ်

sombrero
ဦးထုပ်

corbata
နက်တိုင်

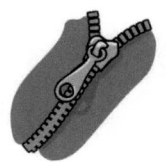

cierre
ဇစ်

casco
ဟဲလ်မက်ခေါ် ခေါင်းဆောင်း

tiradores
သွားထိန်းများ

uniforme escolar
ကျောင်းဝတ်စုံ

uniforme
ယူနီဖောင်းဝတ်စုံ

babero

သွားရည်ခံ

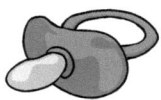

chupete

အရုပ်

pañal

ကလးအနီး

oficina
ရုံးခန်း

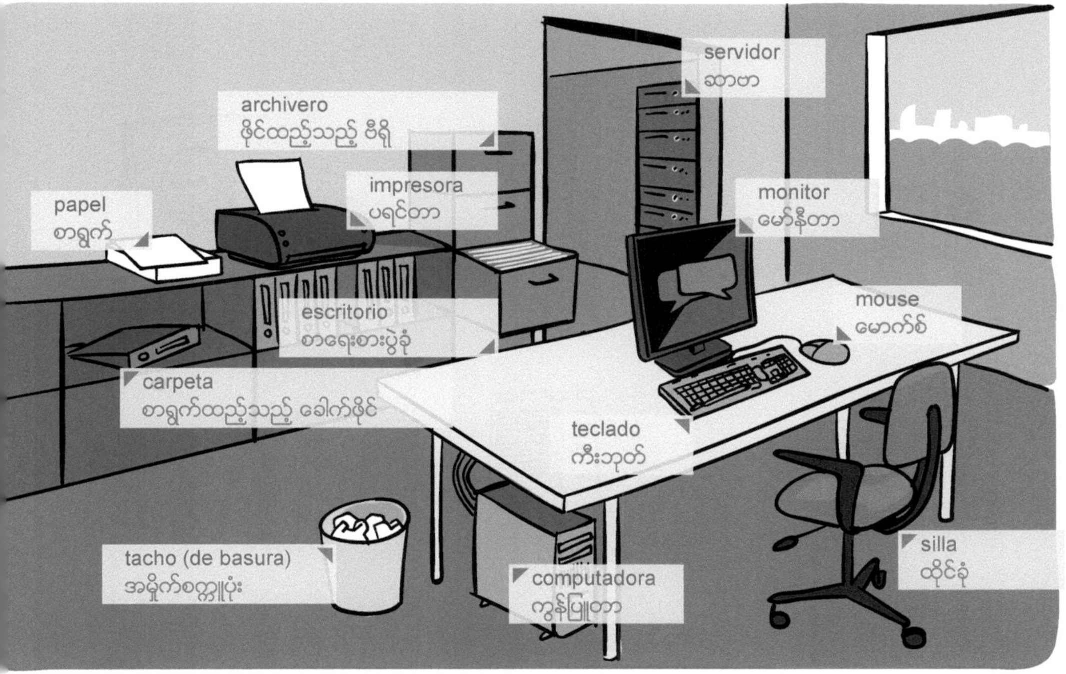

servidor
ဆာဗာ

archivero
ဖိုင်ထည့်သည့် ဗီရို

impresora
ပရင်တာ

monitor
မော်နီတာ

papel
စာရွက်

mouse
မောက်စ်

escritorio
စာရေးစားပွဲခုံ

carpeta
စာရွက်ထည့်သည့် ခေါက်ဖိုင်

teclado
ကီးဘုတ်

tacho (de basura)
အမှိုက်စက္ကူပုံး

silla
ထိုင်ခုံ

computadora
ကွန်ပြူတာ

taza de café

ကော်ဖီ မတ်ခွက်

calculadora

ဂဏန်းတွက်စက်

internet

အင်တာနက်

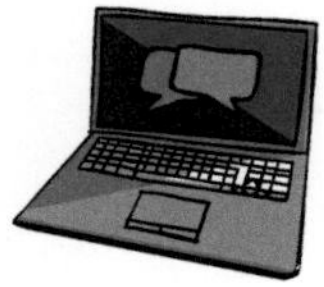

laptop

ပေါင်ပေါ်တင်ရိုက်နိုင်သည့် ကွန်ပြူတာ

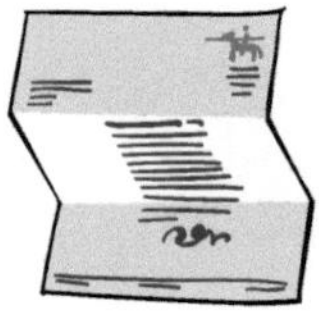

carta

စာ

mensaje

မက်ဆေ့ချ်

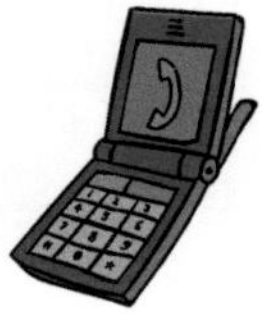

celular

မိုဘိုင်းဖုန်း

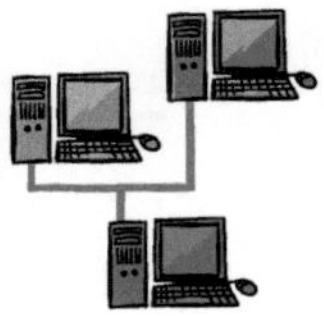

red

ကွန်ရက်

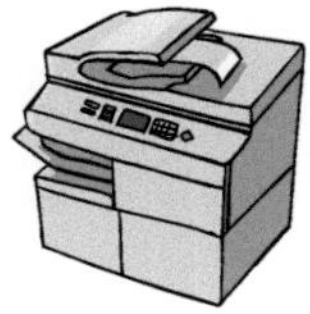

fotocopiadora

မိတ္တူကူးစက်

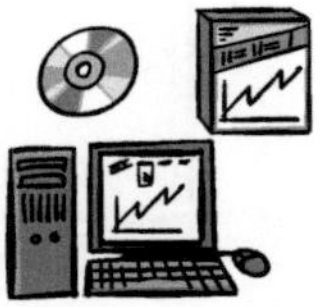

software

ဆော့ဖ်ဝဲရ်

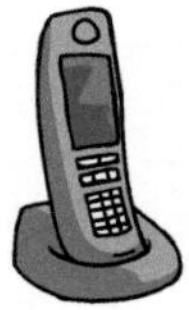

teléfono

တယ်လီဖုန်း

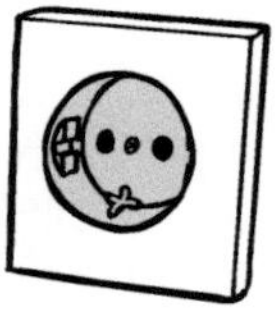

tomacorriente

ပလပ်ပေါက်

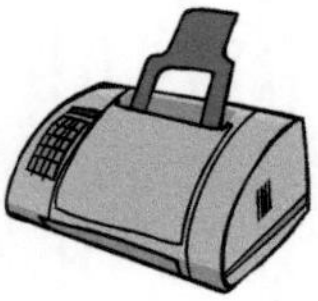

fax

ဖက်စ်ပို့သည့် စက်

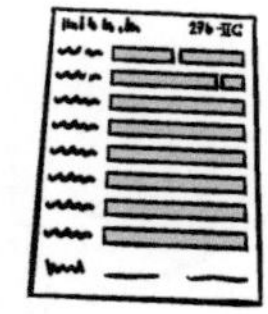

formulario

ပုံစံ

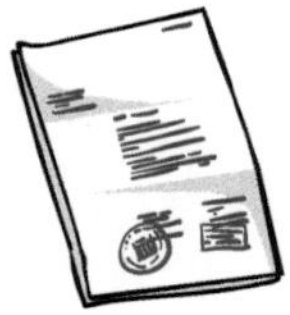

documento

စာရွက်စာတမ်း

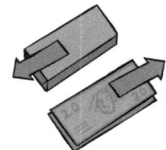

comprar
ဝယ်ယူသည်

pagar
ပေးအပ်သည်

hacer negocios
ကုန်သွယ်သည်

dinero
ပိုက်ဆံ

dólar
ဒေါ်လာ

euro
ယူရိုငွေ

yen
ယန်းငွေ

rublo
ရူဘယ်ငွေ

franco suizo
ဆွစ်ဇာလန်နိုင်ငံသုံးငွေ

yuan
ရမ်မင်ဘီ ယွမ်

rupia
ရူပီး

cajero automático
ငွေချေသည့်နေရာ

casa de cambio

ငွေလဲဌာန

oro

ရွှေ

plata

ငွေ

petróleo

ဆီ

energía

စွမ်းအင်

precio

ဈေးနှန်း

contrato

စာချုပ်

impuesto

အခွန်

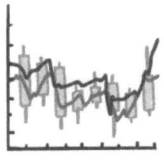

acción

စတော့ဈေးကွက်

trabajar

အလုပ်လုပ်သည်

empleado

ဝန်ထမ်း

empleador

အလုပ်ရှင်

fábrica

စက်ရုံ

negocio

ဆိုင်

ocupaciones
အလုပ်အကိုင်များ

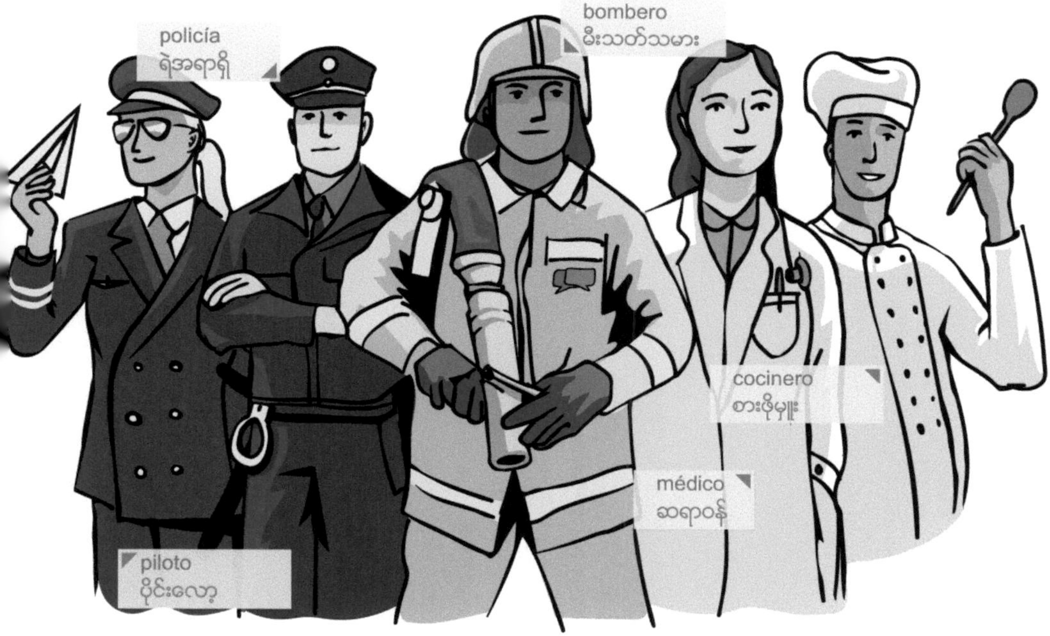

policía
ရဲအရာရှိ
bombero
မီးသတ်သမား
cocinero
စားဖိုမှူး
médico
ဆရာဝန်
piloto
ပိုင်းလော့

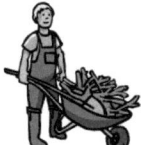

jardinero
မာလီ

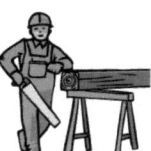

carpintero
လက်သမား

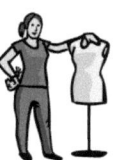

modista
စက်ချုပ်သူ

juez
တရားသူကြီး

farmacéutico
ဓာတုဗေဒပညာရှင်

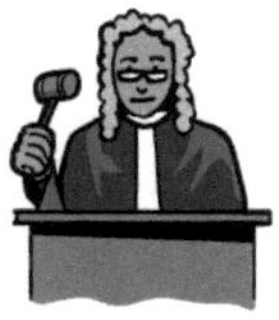

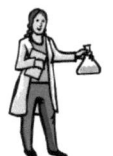

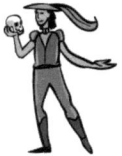

actor
သရုပ်ဆောင်

colectivero

ဘတ်စ်ကားမောင်းသမား

taxista

တက်စီမောင်းသူ

pescador

ငါးဖမ်းသမား

mucama

သန့်ရှင်းရေး အလုပ်သမ

techista

အမိုးပြင်သူ

mozo

စားပွဲထိုး

cazador

အမဲလိုက်မုဆိုး

pintor

ဆေးသုတ်သမား သို့မဟုတ်
ပန်းချီဆရာ

panadero

မုန့်ဖုတ်သမား

electricista

လျှပ်စစ်ပညာရှင်

albañil

ဆောက်လုပ်ရေးသမား

ingeniero

အင်ဂျင်နီယာ

carnicero

သားသတ်သမား

plomero

ပိုက်ဆက်ဆရာ

cartero

စာပို့သမား

soldado

စစ်သား

arquitecto

ဗိသုကာပညာရှင်

cajero

ငွေကိုင်

florista

ပန်းပညာရှင်

peluquero

ဆံပင်အလှပြင်သူ

cobrador

လက်မှတ်စစ်

mecánico

စက်ပြင်ဆရာ

capitán

ကပ္ပိတန်

dentista

သွားဘက်ဆိုင်ရာ ဆရာဝန်

científico

သိပ္ပံပညာရှင်

rabino

ရာဘိုင်

imán

မွတ်ဆလင် တရားဟောဆရာ

monje

ဘုန်းကြီး

sacerdote

တရားဟောဆရာ

herramientas
ကိရိယာ တန်ဆာပလာများ

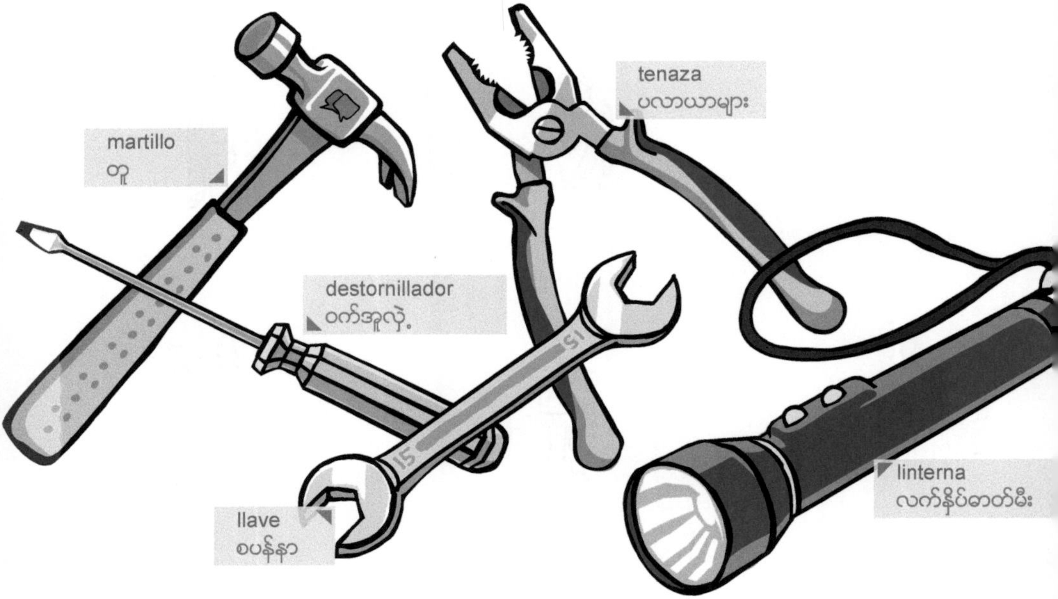
tenaza
ပလာယာများ
martillo
တူ
destornillador
ဝက်အူလှဲ့
llave
စပန်နာ
linterna
လက်နှိပ်ဓာတ်မီး

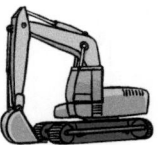

excavadora

မြေတူးစက်

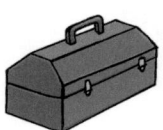

caja de herramientas

လက်သမားသုံးကိရိယာ
သေတ္တာ

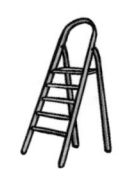

escalera portátil

လှေကား

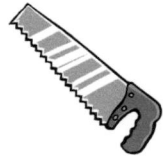

sierra

လွှ

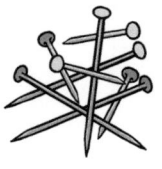

clavos

လက်သည်းများ

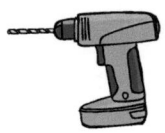

taladro

အပေါက်ဖောက်စက်

arreglar

ပြင်ဆင်သည်

pala de jardín

ဂေါ်ပြား

¡Qué bronca!

ချီးတဲ့မုပဲ

pala de plástico

ဖုန်ကျုံးသည့် ဂေါ်ပြား

tacho de pintura

ဆေးရောင်အိုး

tornillos

ဝက်အူများ

instrumentos musicales
ဂီတတူရိယာများ

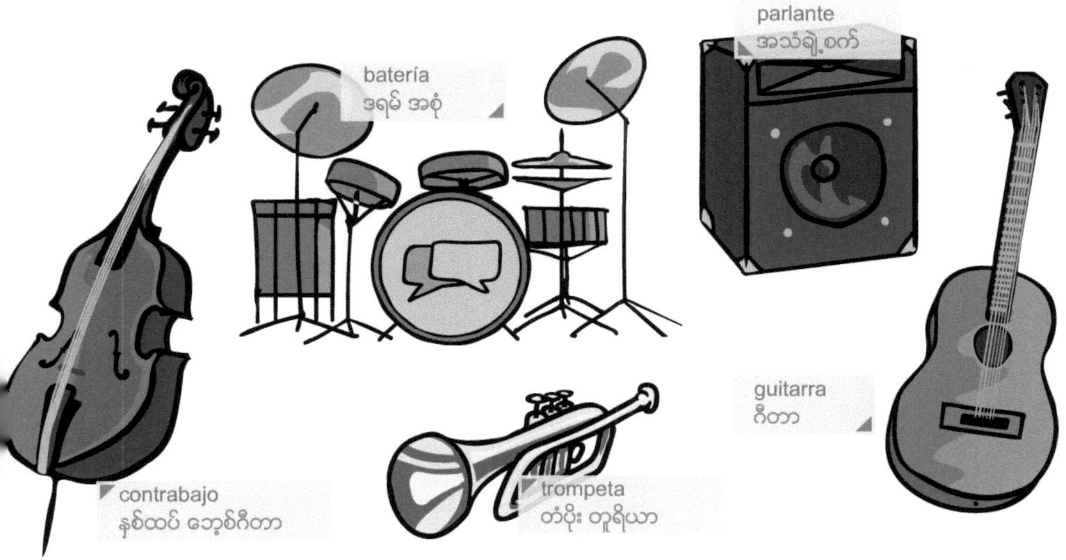

parlante
အသံရဲ့ စက်

batería
ဒရမ် အစုံ

guitarra
ဂီတာ

contrabajo
နှစ်ထပ် ဘော့စ်ဂီတာ

trompeta
တံပိုး တူရိယာ

piano

စန္ဒယား

violín

တယော

bajo

ဘေ့စ်ဂီတာ

timbales

နားစည်အမြှေးပါး

tambor

ဒရမ်များ

teclado

ကီးဘုတ် တူရိယာ

saxofón

ဆက်ဆိုဖုန်း ခေါ်
လေမှုတ်တူရိယာ

flauta

ပုလွေ

micrófono

စကားပြောစက်

zoológico
တိရိစ္ဆာန်ရုံ

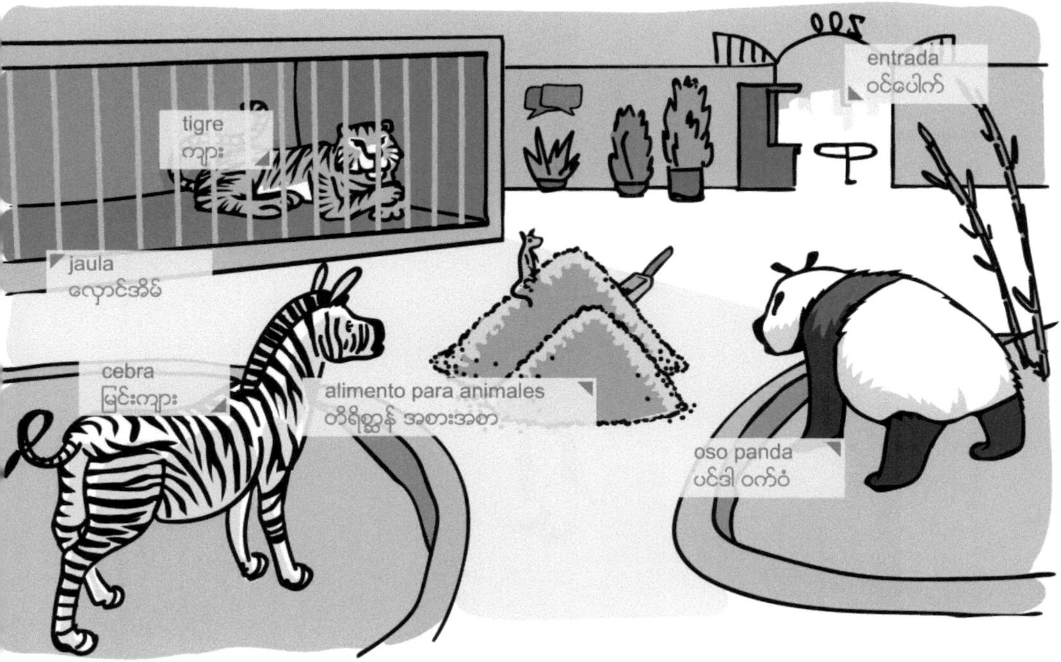

tigre
ကျား
jaula
လှောင်အိမ်
entrada
ဝင်ပေါက်
cebra
မြင်းကျား
alimento para animales
တိရိစ္ဆာန် အစားအစာ
oso panda
ပင်ဒါ ဝက်ဝံ

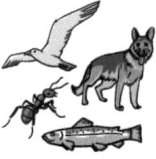

animales
တိရိစ္ဆာန်များ

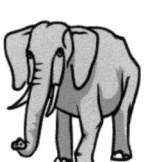

elefante
ဆင်

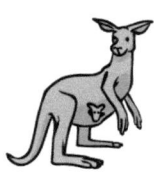

canguro
သားပိုက်ကောင်

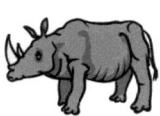

rinoceronte
ကြံ့

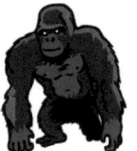

gorila
ဂေါ်ရီလာမျောက်

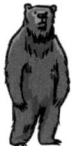

oso
ဝက်ဝံ

camello

ကုလားအုတ်

avestruz

ငှက်ကုလားအုတ်

león

ခြင်္သေ့

mono

မျောက်

flamenco

ဖလန်မင်းဂိုးငှက်

loro

ကြက်တူရွေး

oso polar

ဝိုလာဝက်ဝံ

pingüino

ပင်ဂွင်းငှက်

tiburón

ငါးမန်း

pavo real

ဥဒေါင်းငှက်

serpiente

မြွေ

cocodrilo

မိကျောင်း

cuidador del zoológico

တိရိစ္ဆာန်ရုံ ထိန်းသိမ်းသူ

foca

ဖျံ

jaguar

ကျားသစ်

poni

ပိုနီမြင်း

leopardo

ကျားသစ်

hipopótamo

ရေမြင်း

jirafa

သစ်ကုလားအုတ်

águila

သိန်းငှက်

jabalí

တောဝက်

pescado

ငါး

tortuga

လိပ်

morsa

ပင်လယ်ဖျံကြီး

zorro

မြေခွေး

gacela

ဦးချိုပါ သမင်ညိုတစ်မျိုး

deportes

အားကစားများ

fútbol americano
အမေရိကန် ဖွတ်ဘော
ciclismo
စက်ဘီးစီးခြင်း
tenis
တင်းနစ်ရိုက်ခြင်း
básquet
ဘတ်စကက်ဘော
natación
ရေကူးခြင်း
hockey sobre hielo
ရေခဲပြင် ဟော်ကီ
boxeo
လက်ဝှေ့

fútbol

ဘောလုံးကန်ခြင်း

bádminton

ကြက်တောင်ရိုက်ခြင်း

atletismo

ကိုယ်လက်လှုပ်ရှား
အားကစားများ

handball

ဟန်းဒ်ဘော ခေါ် လက်ပစ်ဘော

esquí

နှင်းလျှောစီးခြင်း

polo

ပိုလို

actividades
လှုပ်ရှားမှုများ

reír
ရယ်မောသည်
saltar
ခုန်သည်
abrazar
ပွေ့ဖက်သည်
caminar
လမ်းလျှောက်သည်
cantar
သီချင်းဆိုသည်
soñar
အိပ်မက်သည်
rezar
ဆုတောင်းသည်
besar
နမ်းရှုပ်သည်

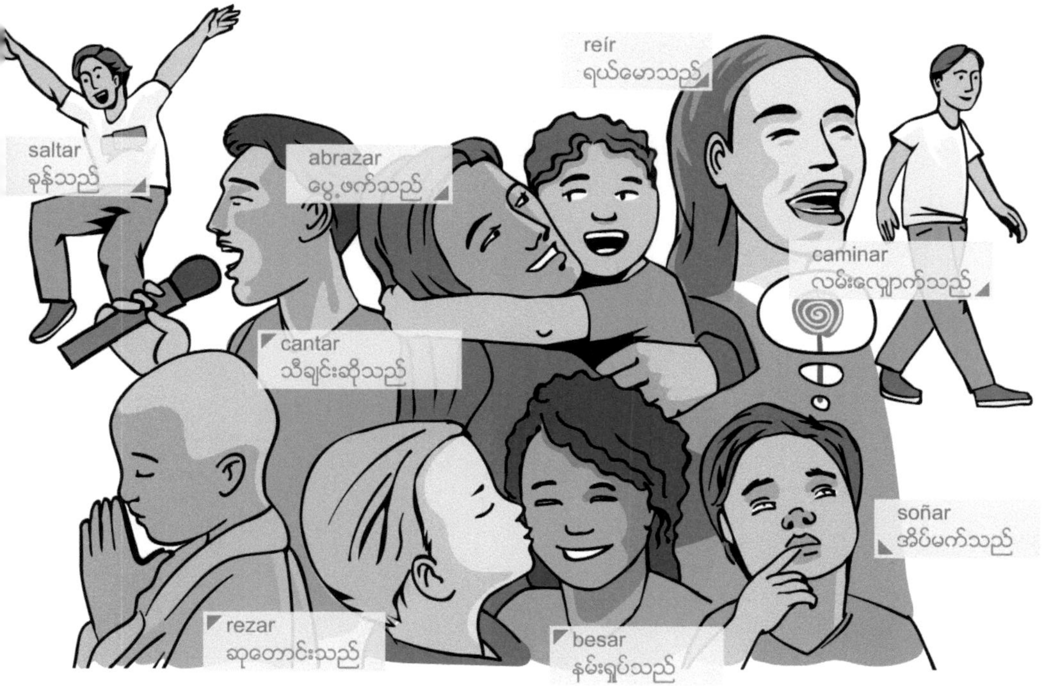

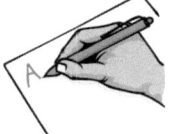

escribir

စာရေးသည်

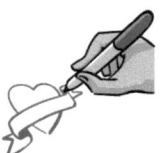

dibujar

ရေးဆွဲသည်

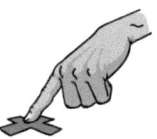

mostrar

ပြသသည်

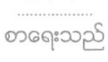

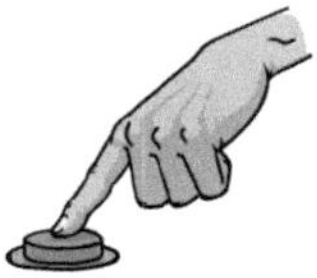

presionar

တွန်းသည်

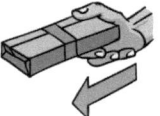

dar

ပေးသည်

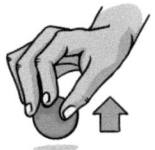

tomar

ယူသည်

tener

ရှိသည်

hacer

ပြုလုပ်သည်

ser

ဖြစ်သည်

estar parado

မတ်တပ်ရပ်သည်

correr

ပြေးသည်

tirar

ဆွဲသည်

tirar

ပစ်သည်

caer

လဲကျသည်

estar acostado

လှိမ်လည်သည်

esperar

စောင့်ဆိုင်းသည်

llevar

သယ်ဆောင်သည်

estar sentado

ထိုင်သည်

vestirse

အဝတ်အစားဝတ်သည်

dormir

အိပ်သည်

despertar

အိပ်ယာမှ ထသည်

mirar

တစ်ခုခုကို ကြည့်ရှုသည်

llorar

ငိုသည်

acariciar

ပွတ်သပ်သည်

peinar

ဘီးဖီးသည်

hablar

စကားပြောသည်

entender

နားလည်သည်

preguntar

မေးသည်

escuchar

နားထောင်သည်

beber

သောက်သည်

comer

စားသည်

ordenar

သပ်ရပ်အောင်လုပ်သည်

amar

ချစ်သည်

cocinar

ချက်ပြုတ်သည်

manejar

မောင်းသည်

volar

ပျံသန်းသည်

navegar

ရွက်လွှင့်သည်

calcular

တွက်ပါ

leer

ဖတ်သည်

aprender

သင်ယူသည်

trabajar

အလုပ်လုပ်သည်

casarse

လက်ထပ်သည်

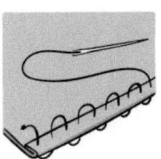

coser

အပ်ချုပ်သည်

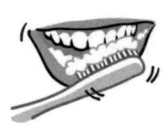

cepillarse los dientes

သွားတိုက်သည်

matar

သတ်သည်

fumar

ဆေးလိပ်သောက်သည်

enviar

ပို့သည်

abuela
အဖွား

abuelo
အဖိုး

padre
ဖခင်

madre
မိခင်

bebé
ကလေး

hija
သမီး

hijo
သား

invitado

ဧည့်သည်

tía

အဒေါ်

tío

ဦးလေး

hermano

အစ်ကို

hermana

အစ်မ

cuerpo
ကိုယ်ခန္ဓာ

frente
နဖူး
ojo
မျက်လုံး
cara
မျက်နှာ
pera
မေးစေ့
dedo
လက်ချောင်း
mano
လက်
pecho
ရင်သား
brazo
လက်မောင်း
hombro
ပုခုံး
pierna
ခြေသလုံး

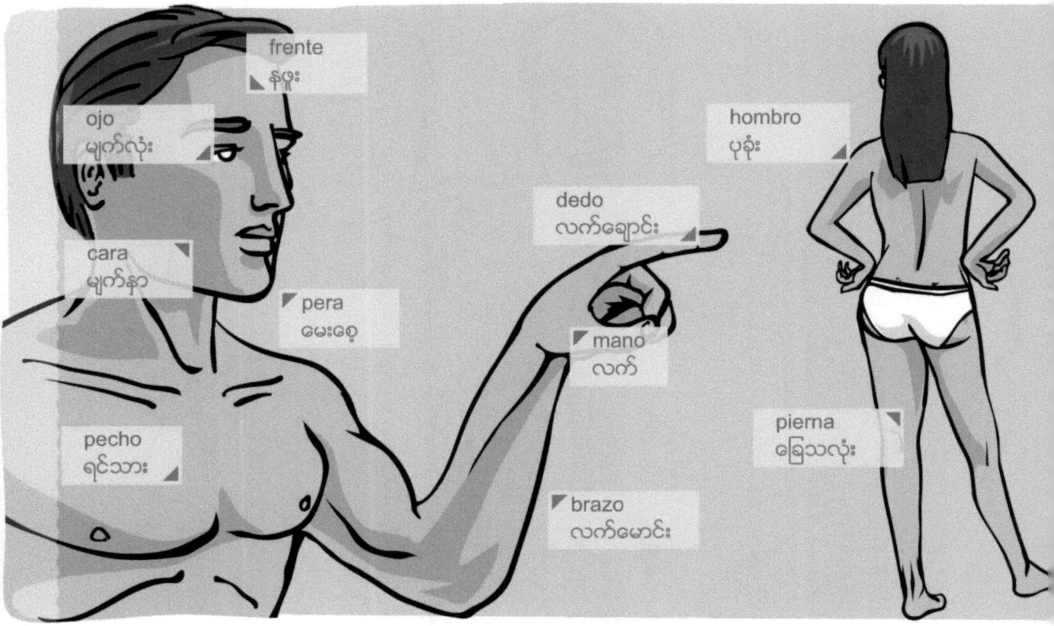

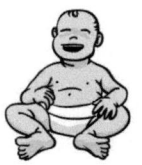

bebé

ကလေး

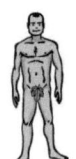

hombre

ယောက်ျားကြီး

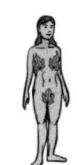

mujer

အမျိုးသမီးကြီး

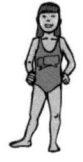

nena

မိန်းကလေး

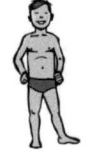

nene

ယောက်ျားလေး

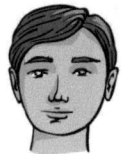

cabeza

ဦးခေါင်း

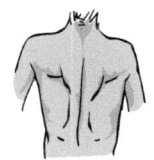

espalda

နောက်ကျော

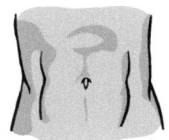

panza

ဗိုက်

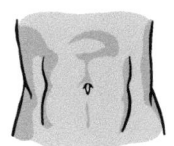

ombligo

ချက်

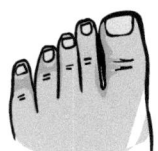

dedo del pie

ခြေချောင်း

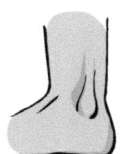

talón

ဖနောင့်

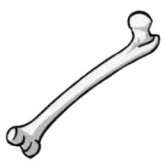

hueso

အရိုး

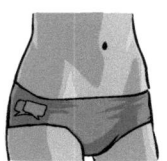

cadera

တင်ရိုး

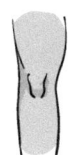

rodilla

ဒူးခေါင်း

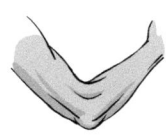

codo

တံတောင်ဆစ်

nariz

နှာခေါင်း

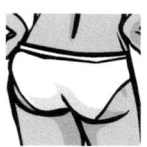

cola

တင်ပါး

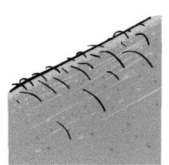

piel

အရေပြား

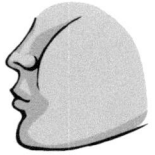

cachete

ပါးပြင်

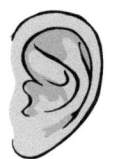

oreja

နား

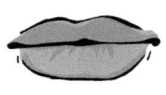

labio

နှုတ်ခမ်း

cuerpo - ကိုယ်ခန္ဓာ

boca

ပါးစပ်

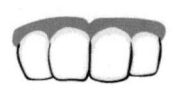

diente

သွား

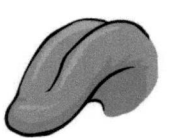

lengua

လျှာ

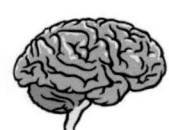

cerebro

ဦးနှောက်

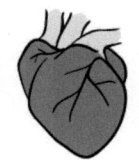

corazón

နှလုံး

músculo

ကြွက်သား

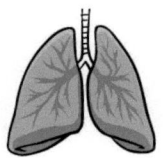

pulmón

အဆုတ်

hígado

အသည်း

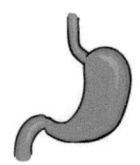

estómago

အစာအိမ်

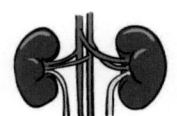

riñones

ကျောက်ကပ်များ

sexo

လိင်

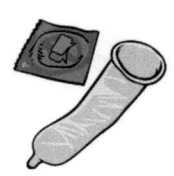

preservativo

ကွန်ဒုံး

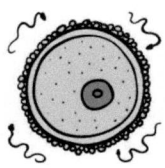

óvulo

သားဥ

semen

သုတ်ရည်

embarazo

ကိုယ်ဝန်

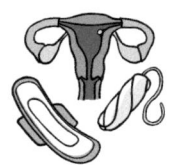

menstruación

ဓမ္မတာလာခြင်း

vagina

မိန်းမကိုယ်

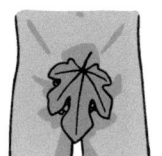

pene

လိင်တံ

ceja

မျက်ခုံး

pelo

ဆံပင်

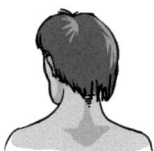

cuello

လည်ပင်း

hospital
ဆေးရုံ

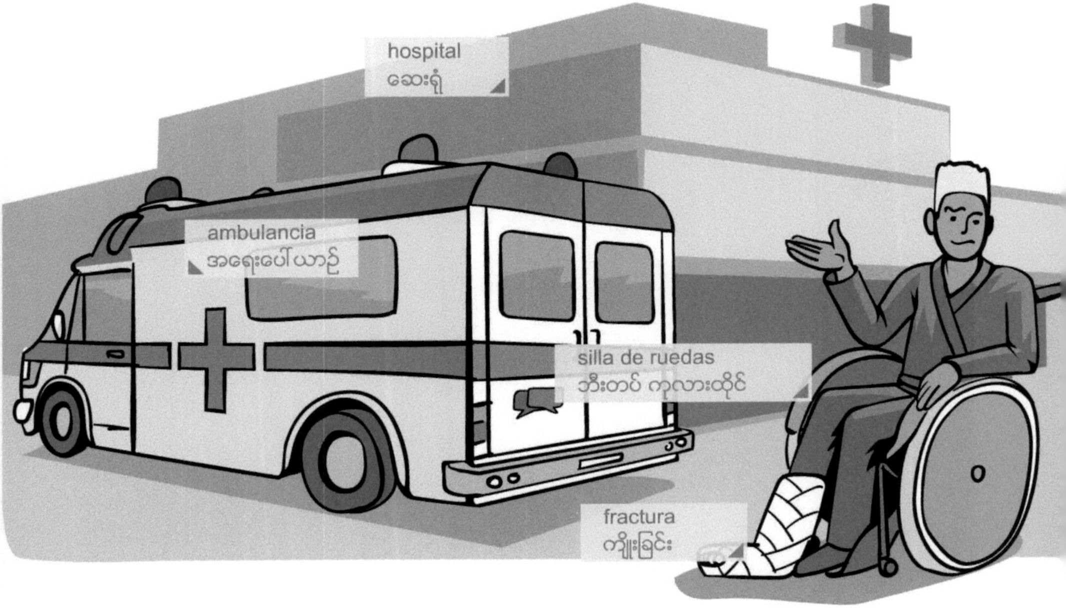

hospital
ဆေးရုံ
ambulancia
အရေးပေါ်ယာဉ်
silla de ruedas
ဘီးတပ် ကုလားထိုင်
fractura
ကျိုးခြင်း

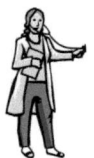

médico
ဆရာဝန်

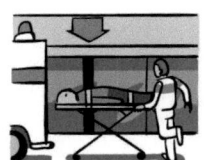

sala de guardia
အရေးပေါ် ဆေးကုသခန်း

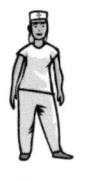

enfermera
သူနာပြု

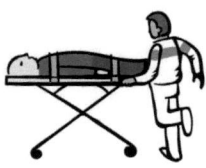

emergencia
အရေးပေါ်

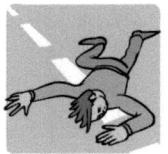

inconsciente
သတိလစ်ခြင်း

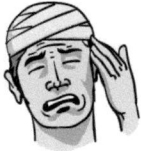

dolor
နာခြင်း

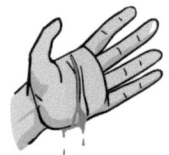

lesión

ဒဏ်ရာ

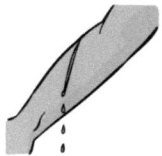

hemorragia

သွေးယိုထွက်ခြင်း

infarto

နှလုံးရပ်ခြင်း

ACV

လေဖြတ်ခြင်း

alergia

ဓာတ်မတည့်ခြင်း

tos

ချောင်းဆိုးခြင်း

fiebre

အဖျား

gripe

တုတ်ကွေးရောဂါ

diarrea

ဝမ်းပျက်ဝမ်းလျှောခြင်း

dolor de cabeza

ခေါင်းကိုက်ခြင်း

cáncer

ကင်ဆာရောဂါ

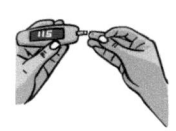

diabetes

ဆီးချိုရောဂါ

cirujano

ခွဲစိတ်ဆရာဝန်

bisturí

ခွဲစိတ်ခန်းသုံးဓါးပါး

operación

ခွဲစိတ်ခြင်း

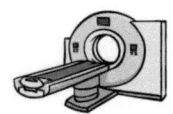

TC

စီတီ

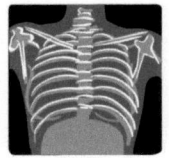

rayos x

ဓာတ်မှန်

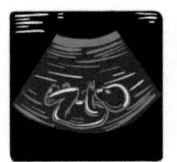

ecografía

အာထရာဆောင်း

barbijo

မျက်နှာဖုံး

enfermedad

ရောဂါ

sala de espera

စောင့်ဆိုင်းရန် အခန်း

muleta

ချိုင်းထောက်

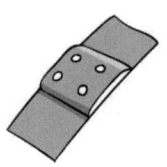

curita

ပလာစတာ

venda

ပတ်တီး

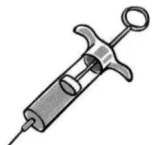

inyección

ထိုးဆေး

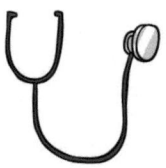

estetoscopio

နားကြပ်

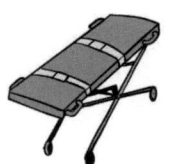

camilla

လူနာတင်ထမ်းစင်

termómetro

ကုသရေးပိုင်းသုံး
အပူချိန်တိုင်းသာမိုမီတာ

nacimiento

မွေးဖွားခြင်း

sobrepeso

အဝလွန်ခြင်း

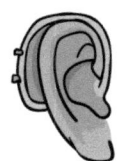

audífono

နားကြားကိရိယာ

desinfectante

ပိုးသတ်ဆေး

infección

ရောဂါကူးစက်ခြင်း

virus

ဗိုင်းရပ်စ်ပိုး

VIH / SIDA

အိတ်ချ်အိုင်ဗွီ /
အေအိုင်ဒီအက်စ်

remedio

ဆေးဝါး

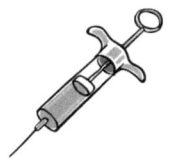

vacunación

ကာကွယ်ဆေးထိုးခြင်း

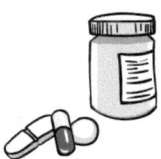

comprimidos

ဆေးလုံးများ

pastilla anticonceptiva

ဆေးလုံး

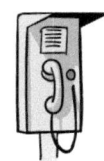

llamada de emergencia

အရေးပေါ် ဖုန်းခေါ် ဆိုမှု

tensiómetro

သွေးဖိအား စောင့်ကြည့်သည့်
ကိရိယာ

enfermo / sano

နာမကျန်းသော / ကျန်းမာသော

¡Ayuda!
ကူညီကြပါ။

alarma
အရေးပေါ် ခေါင်းလောင်း

agresión
ရိုက်နက်သည်

ataque
တိုက်ခိုက်သည်

peligro
အန္တရာယ်

salida de emergencia
အရေးပေါ် ထွက်ပေါက်

¡Fuego!
မီး။

matafuego
မီးသတ်ဘူး

accidente
မတော်တဆဖြစ်ရပ်

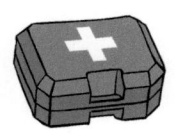

policía
ရဲ

botiquín de primeros
auxilios
ကြက်ခြေနီ ဆေးပုံး

SOS
အက်စ်အိုအက်စ်

Europa

ဥရောပတိုက်

América del Norte

မြောက်အမေရိကတိုက်

América del Sur

တောင်အမေရိကတိုက်

África

အာဖရိကတိုက်

Asia

အာရှတိုက်

Australia

ဩစတြေးလျတိုက်

Atlántico

အတ္တလန္တိတ် သမုဒ္ဒရာ

Pacífico

ပစိဖိတ် သမုဒ္ဒရာ

Océano Índico

အိန္ဒိယ သမုဒ္ဒရာ

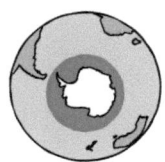

Océano Antártico

အန္တာတိတ် သမုဒ္ဒရာ

Océano Ártico

အာတိတ် သမုဒ္ဒရာ

polo norte

မြောက်ဝင်ရိုးစွန်း

polo sur

တောင်ဝင်ရိုးစွန်း

Antártida

အန္တာတိကတိုက်

Tierra

ကမ္ဘာမြေကြီး

tierra

ကုန်းမြေ

mar

ပင်လယ်

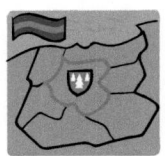

isla

ကျွန်း

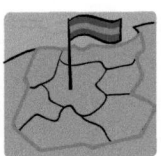

nación

နိုင်ငံကူးလက်မှတ်

estado

ပြည်နယ်

esfera

နာရီမျက်နှာပြင်

manecilla de las horas

နာရီလက်တံ

minutero

မိနစ်လက်တံ

segundero

ဒုတိယလက်တံ

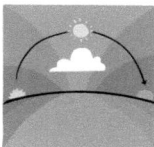

¿Qué hora es?

ဘယ်အချိန်ရှိပြီလဲ။

día

ရက်

hora

အချိန်

ahora

ယခု

reloj digital

ဒစ်ဂျစ်တယ် လက်ပတ်နာရီ

minuto

မိနစ်

hora

နာရီ

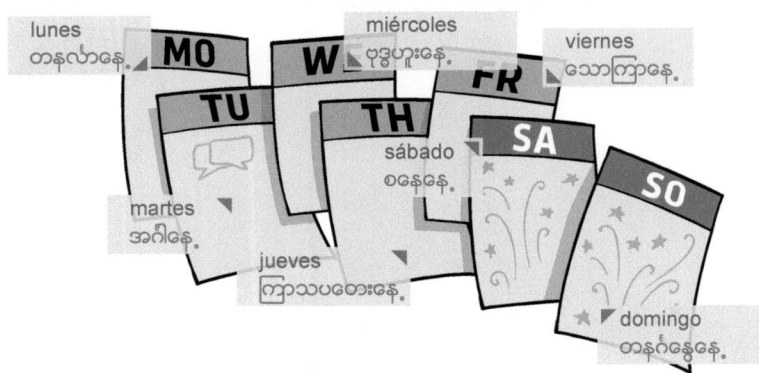

lunes
တနင်္လာနေ့

miércoles
ဗုဒ္ဓဟူးနေ့

viernes
သောကြာနေ့

martes
အင်္ဂါနေ့

sábado
စနေနေ့

jueves
ကြာသပတေးနေ့

domingo
တနင်္ဂနွေနေ့

ayer

မနေ့က

hoy

ယနေ့

mañana

မနက်ဖြန်

mañana

မနက်

mediodía

နေ့လည်

tarde

ညနေ

MO	TU	WE	TH	FR	SA	SU
1	2	3	4	5	6	7
8	9	10	11	12	13	14
15	16	17	18	19	20	21
22	23	24	25	26	27	28
29	30	31	1	2	3	4

días hábiles

အလုပ်လုပ်ရက်များ

MO	TU	WE	TH	FR	SA	SU
1	2	3	4	5	6	7
8	9	10	11	12	13	14
15	16	17	18	19	20	21
22	23	24	25	26	27	28
29	30	31	1	2	3	4

fin de semana

စနေ တနင်္ဂနွေ အားလပ်ရက်

lluvia
မိုး

arco iris
သက်တံ့

viento
လေ

nieve
နှင်း

primavera
နွေဦးရာသီ

verano
နွေရာသီ

otoño
ဆောင်းဦးရာသီ

invierno
ဆောင်းရာသီ

4.APRIL	11°	☀
5.APRIL	4°	🌦
6.APRIL	13°	☂
7.APRIL	8°	❄
8.APRIL	10°	☀

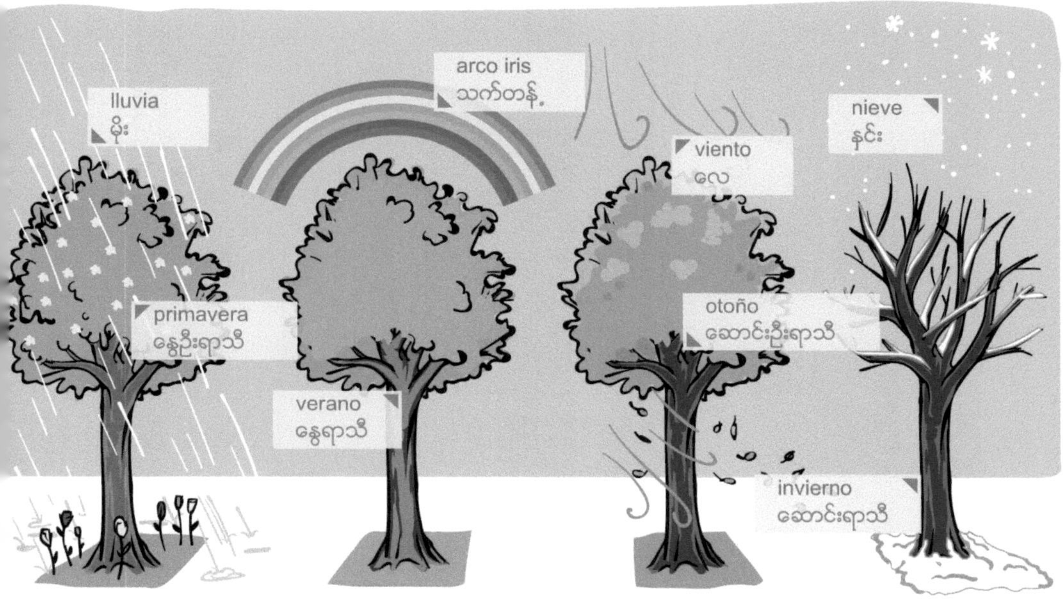

pronóstico meteorológico

းလေဝသ ကြိုတင်ခန့်မှန်းချက်

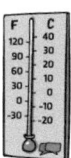

termómetro

အပူချိန်တိုင်း ကိရိယာ

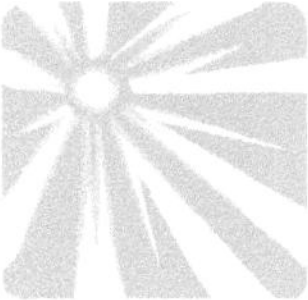

luz del sol

နေရောင်ခြည်

nube

တိမ်

niebla

မြူ

humedad

စိုထိုင်းဆ

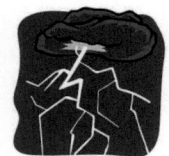

rayo

လျှပ်စီးလက်ခြင်း

trueno

မိုးကြိုး

tormenta

မုန်တိုင်း

granizo

မိုးသီး

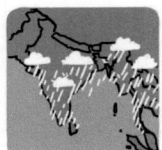

monzón

မိုးရာသီ

inundación

ရေကြီးခြင်း

hielo

ရေခဲ

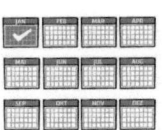

enero

ဇန်နဝါရီလ

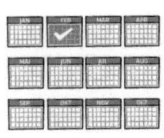

febrero

ဖေဖော်ဝါရီလ

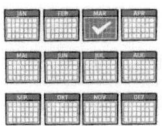

marzo

မတ်လ

abril

ဧပြီလ

mayo

မေလ

junio

ဇွန်လ

julio

ဇူလိုင်လ

agosto

ဩဂုတ်လ

septiembre

စက်တင်ဘာလ

octubre

အောက်တိုဘာလ

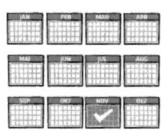

noviembre

နိုဝင်ဘာလ

diciembre

ဒီဇင်ဘာလ

formas

ပုံစံများ

círculo

စက်ဝိုင်း

cuadrado

စတုရန်း

rectángulo

ထောင့်မှန်စတုဂံ

triángulo

တြိဂံ

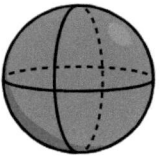

esfera

စက်ဝန်း

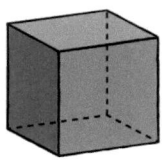

cubo

အတုံး

blanco

အဖြူရောင်

amarillo

အဝါရောင်

naranja

လိမ္မော်ရောင်

rosa

ပန်းရောင်

rojo

အနီရောင်

violeta

ခရမ်းရောင်

azul

အပြာရောင်

verde

အစိမ်းရောင်

marrón

အညိုရောင်

gris

မီးခိုးရောင်

negro

အနက်ရောင်

mucho / poco

အများအပြား / အနည်းငယ်

enojado / tranquilo

စိတ်ဆိုးသော /
စိတ်တည်ငြိမ်သော

lindo / feo

လှပသော / ရုပ်ဆိုးသော

principio / fin

အစ / အဆုံး

grande / chico

အကြီးသော / အငယ်

claro / oscuro

တောက်ပသော / မှောင်မဲသော

hermano / hermana

ညီအစ်ကို / ညီအစ်မ

limpio / sucio

သန့်ရှင်းသော / ညစ်ပတ်သော

completo / incompleto

ပြည့်စုံသော / မပြည့်စုံသော

día / noche

နေ့ / ည

muerto / vivo

သေသော / ရှင်သော

ancho / angosto

ကျယ်သော / ကျဉ်းသော

comestible / no comestible

· · · · · · · · · · · · · · ·

စားသုံးနိုင်သော /
မစားသုံးနိုင်သော

malo / amable

· · · · · · · · · · · · · · ·

စိတ်ယုတ်သော / ကြင်နာသော

entusiasmado / aburrido

· · · · · · · · · · · · · · ·

စိတ်လှုပ်ရှားဖွယ် / ပျင်းရိဖွယ်

gordo / flaco

· · · · · · · · · · · · · · ·

ဝသော / ပိန်သော

primero / último

· · · · · · · · · · · · · · ·

ပထမ / နောက်ဆုံးပိတ်

amigo / enemigo

· · · · · · · · · · · · · · ·

မိတ်ဆွေ / ရန်သူ

lleno / vacío

· · · · · · · · · · · · · · ·

အပြည့် / ဘာမှမရှိ

duro / blando

· · · · · · · · · · · · · · ·

မာသော / ပျော့သော

pesado / liviano

· · · · · · · · · · · · · · ·

လေးလံသော / ပေါ့ပါးသော

hambre / sed

· · · · · · · · · · · · · · ·

ဆာလောင်သော / ရေဆာသော

enfermo / sano

· · · · · · · · · · · · · · ·

နာမကျန်းသော / ကျန်းမာသော

ilegal / legal

· · · · · · · · · · · · · · ·

တရားမဝင်သော /
တရားဝင်သော

inteligente / estúpido

· · · · · · · · · · · · · · ·

ဉာဏ်ကောင်းသော /
ထိုင်းသော

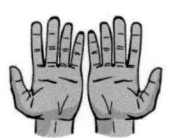

izquierda / derecha

· · · · · · · · · · · · · · ·

ဘယ် / ညာ

cerca / lejos

· · · · · · · · · · · · · · ·

နီးသော / ဝေးသော

nuevo / usado

အသစ် / အသုံးပြုပြီးသား

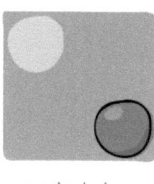

nada / algo

ဘာမှမရှိ / တစ်ခုခု

viejo / joven

အသက်ကြီးသော /
ငယ်ရွယ်သော

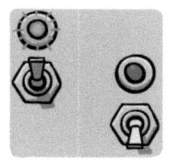

encendido / apagado

ဖွင့်သော / ပိတ်သော

abierto / cerrado

ဖွင့်သော / ပိတ်သော

silencioso / ruidoso

တိတ်ဆိတ် / ကျယ်လောင်

rico / pobre

ချမ်းသာ / ဆင်းရဲ

correcto / incorrecto

အမှန် / အမှား

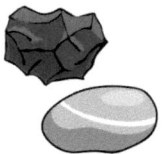

áspero / suave

ကြမ်းတမ်း / ချောမွေ့

triste / contento

ဝမ်းနည်း / ဝမ်းသာ

corto / largo

အတို / အရှည်

lento / rápido

အနေး / အမြန်

mojado / seco

စွတ်သော / ခြောက်သွေ့သော

caliente / frío

နွေးထွေးသော / အေးမြသော

guerra / paz

စစ် / ငြိမ်းချမ်းရေး

0	**1**	**2**
cero	uno	dos
သုည	တစ်	နှစ်

3	**4**	**5**
tres	cuatro	cinco
သုံး	လေး	ငါး

6	**7**	**8**
seis	siete	ocho
ခြောက်	ခုနစ်	ရှစ်

9	**10**	**11**
nueve	diez	once
ကိုး	တစ်ဆယ်	ဆယ့်တစ်

12

doce
ဆယ့်နှစ်

13

trece
ဆယ့်သုံး

14

catorce
ဆယ့်လေး

15

quince
ဆယ့်ငါး

16

dieciséis
ဆယ့်ခြောက်

17

diecisiete
ဆယ့်ခုနစ်

18

dieciocho
ဆယ့်ရှစ်

19

diecinueve
ဆယ့်ကိုး

20

veinte
နှစ်ဆယ်

100

cien
ရာ

1.000

mil
ထောင်

1.000.000

millón
မီလျံ

idiomas

ဘာသာစကားများ

inglés

အင်္ဂလိပ် ဘာသာစကား

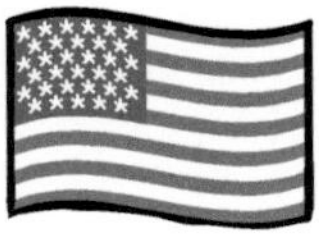

inglés americano

အမေရိကန် အင်္ဂလိပ် ဘာသာစကား

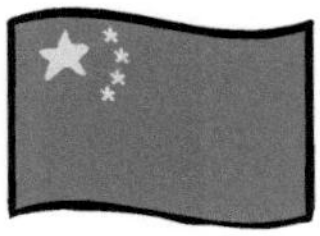

chino mandarín

တရုတ် မန်ဒရင်း ဘာသာစကား

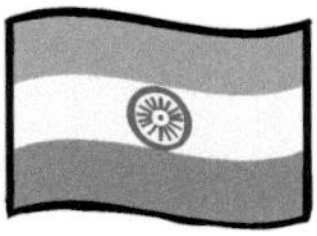

hindi

ဟိန္ဒူ ဘာသာစကား

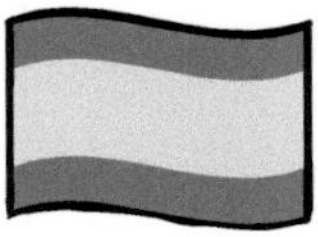

español

စပိန် ဘာသာစကား

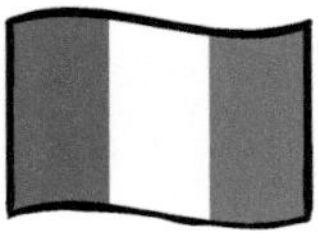

francés

ပြင်သစ် ဘာသာစကား

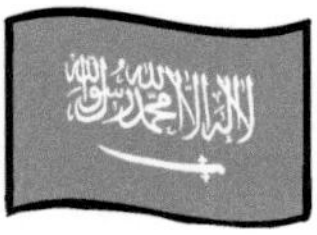

árabe

အာရာဗီ ဘာသာစကား

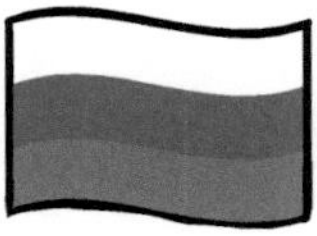

ruso

ရုရှ ဘာသာစကား

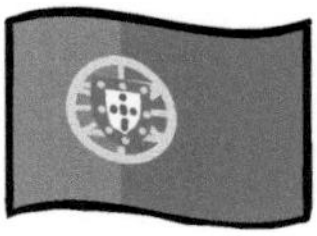

portugués

ပေါ်တူဂီ ဘာသာစကား

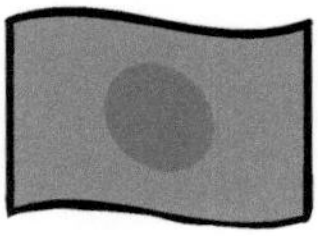

bengalí

ဘင်္ဂါလီ ဘာသာစကား

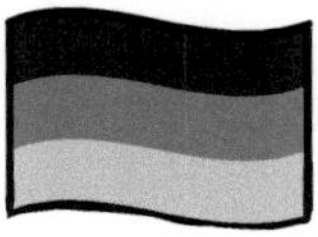

alemán

ဂျာမန် ဘာသာစကား

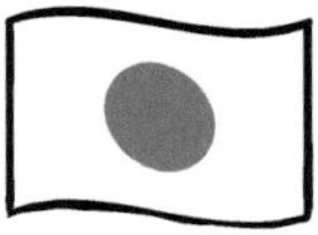

japonés

ဂျပန် ဘာသာစကား

yo

ကျွန်ုပ်

vos

သင်

él / ella

သူ / သူမ / ၄င်း

nosotros

ကျွန်ုပ်တို့

ustedes

သင်တို့

ellos

သူတို့

¿quién?

ဘယ်သူလဲ။

¿qué?

ဘာလဲ။

¿cómo?

ဘယ်လိုပုံလဲ။

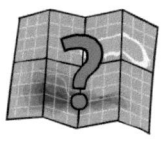

¿dónde?

ဘယ်နေရာလဲ။

¿cuándo?

ဘယ်အချိန်လဲ။

nombre

အမည်

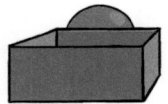

detrás
အနောက်ဖက်

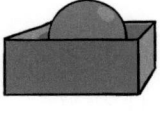

en
အတွင်း

adelante de
အရှေ့ဖက်

por encima de
အထက်ဖက်

sobre
အပေါ်ဖက်

debajo de
အောက်ဖက်

al lado de
ဘေးဖက်

entre
ကြား

lugar
နေရာ